직장인의 벼락치기 여행

지구를 돌 때까지

직장인의 벼락치기 여행
지구를 돌 때까지

초판 1쇄 발행   2015년 4월 3일

지은이   조 용 수
펴낸이   손 형 국
펴낸곳   (주)북랩
편집인   선일영   편집   서대종, 이소현, 이탄석, 김아름
디자인   이현수, 김루리, 윤미리내   제작   박기성, 황동현, 구성우
마케팅   김회란, 박진관, 이희정
출판등록   2004. 12. 1(제2012-000051호)
주소   서울시 금천구 가산디지털 1로 168, 우림라이온스밸리 B동 B113, 114호
홈페이지   www.book.co.kr
전화번호   (02)2026-5777   팩스   (02)2026-5747

ISBN   979-11-5585-551-5 03900(종이책) 979-11-5585-552-2 05900(전자책)

이 도서의 국립중앙도서관 출판예정도서목록(CIP)은 서지정보유통지원시스템 홈페이지(http://seoji.nl.go.kr)와
국가자료공동목록시스템(http://www.nl.go.kr/kolisnet)에서 이용하실 수 있습니다.
(CIP제어번호 : CIP2015009952)

직장인의 벼락치기 여행

지구를 돌 때까지

'슬픈 연해주' 블라디보스토크,
'청도 맥주'의 본산 칭다오,
'배낭여행지' 발리

조용수 지음

북랩 book Lab

프롤로그

신이여!

제게 약간의 시간과

달러를 주소서.

차례

Bangkok

Thailand

가시면류관은 신의 몫
화관이 잘 어울리는 너는 신의 선물

숱한 가시 속에 찔렸을 과거는 잊어라.
살아있는 색깔로 가슴을 채워
너의 얼굴을 빛나게 하라.

역시, 카오산 로드

언젠가 방콕행 버스를 타기 위해 "방콕! 방콕!"을 외쳤으나 응답이 없다. 마침 다가오는 버스의 앞 유리에 크게 쓰여 있는 'BANGKOK'을 가리키니 "뱅콕"이라고 한다. 그 뱅콕으로 가기 위해 배낭을 집어 들었다.

방콕이야 전 세계 모든 사람들의 기억에 가장 먼저 떠오를 만큼 다양한 매력을 가진 동남아 최고의 관광지임에 틀림없지만 이번에는 배낭여행의 성지쯤으로 여겨지는 카오산 로드를 주목적지로 삼았다. 배낭여행에 필요한 모든 것이 갖추어져 있어서 누구나 배낭여행의 베이스캠프로 여기는 이곳을 주 목적지로 삼았으니 나는 그 베이스캠프의 분위기를 무척이나 부러워하고 또 느껴보고 싶었었나 보다. 대부분의 세계 여행자들이 이곳에서 머무르면서 재충전하고 새로운 계획을 세우고 또 새 친구를 사귀는 모습을 보면서 젊은 시절 충분히 누리지 못한 배낭여행의 한을 대리만족하려는 욕구가 마음 깊은 곳에 있었을까?

나야 그렇다 치고 전화 한 통화로 동행을 결심한 나머지 세 명의 남자는 왜 같이 길을 따라 나섰을까? 아마 휴가 시즌인데도 아직까지 약속이 잡히지 않은 불쌍한 처지였음이 분명하다. 아무튼 네 명의 남자가 방콕으로 향하는 비행기에 올라탔다.

동남아 특유의 뜨거운 바람이 바지 아래를 통해 살갗에 닿아온다. 난 이 느낌이 좋다. 특히 추운 겨울날에 동남아의 더운 공항에 도착하여 비행기에서 빠져나와 첫발을 내딛을 때의 기분은 무엇으로 바꾸기 힘들 정도이다. 아마 집을 벗어나 외국에 도착했다는 일종의 신호로 여겨지기 때문일 것이다.

예전에도 잠깐 들른 적이 있었지만 카오산 로드는 여전히 무덥고 시끄럽고 세상의 모든 인종이 뒤엉켜 있고 또 물건도 많고 술도 많고 더불어 사연도 많아 보인다. 숙소로 예약한 호텔은 비록 3성급 싸구려 호텔이지만 게스트하우스가 성업 중인 이 부근에서는 그래도 깨끗하고 조용한 편에 속한다. 저녁 즈음에 체크인을 한 우리는 무겁고 거추장스런 가방을 룸에 던지듯 놓아두고 가벼운 기분으로 카오산 로드를 향해 발걸음을 옮기기 시작했다.

평소 과묵함이 미덕인 조기교육 탓에 말없이 살아온 남자들이지만 여행은 괜히 들뜨게 하고 세련되지 못한 말을 마구 쏟아내게 하는 힘이 있는 것이 분명하다. 네 시간 정도의 그다지 길지 않은 참을 만한 비행이었지만 더위에 목이 말랐던지 우리는 눈앞에 나타난 편의점에서 캔맥주를 사 바깥의자에 걸터앉아 갈증을 해소하기 시작했다. 누가 먼저랄 것도 없이 입에는 맥주

거품을 묻힌 채, 눈은 각자 사방으로 흩어져 쉴 새 없이 이 도시의 생경한 풍경을 스캔해 나갔다. 오감을 통해 접수한 정보를 전두엽은 재빠르게 분석하고 저장하면서 서로의 기분 좋은 느낌을 주고받는다. 만약 우리가 초등학생이었다면 상당히 고급스런 대화를 주고받았겠지만 가출한 오리 같은 우리는 자연스럽게 현지인이든 외국인이든 가리지 않고 지나가는 여자들 구경 삼매경에 빠져 들었다. 그동안 뇌를 옭아매고 있던 가식이나 남의 눈을 의식한 것들이 순식간에 무장해제되었으니 누군가 제지를 하지 않는다면 우리는 아마 밤새도록 말초신경을 잔뜩 곤추세우고 음흉한 낄낄거림으로 여행의 첫날을 보냈을지도 모른다. 자유를 찾아온 첫날 남자들이 하는 일이란 게 고작 길거리에서 외국 여성 훔쳐보기라고 비판하면 변명할 말이 없지만 나를 포함한 대부분의 남자들이 그럴 개연성이 크다는 생각이 들자 공범만이 누릴 수 있는 뻔뻔함으로 하던 일을 계속한다.

그런 우리에게 관심을 보이며 웃어주는 서너 명의 여자들이 레이더에 포착된다. 외국인 헌팅의 필수 무기인 영어를 장착한 용기 있는 한 명이 이때다 싶었는지 몇 마디 말로 가볍게 헌팅 성공, 우리는 캔맥주를 부딪치며 행운을 기원할 수 있었다. 여행의 신은 약간 진한 화장으로 예의를 갖추고 따뜻하고 친절한 미소를 내뿜는 현지 여인들을 첫 선물로 보내주신 것이다. 아, 에벤에셀의 하느님! 감사합니다.

방콕의 하늘이 서서히 어두워져 간다. 갈증 해소를 위해 마시던 맥주는 어느덧 알코올로 변해 세상 모든 것이 아름답고 멋져 보이는 여행 첫날밤을 열고 있다. 길 건너편 카오산 로드 입구에는 작은 전구가 늘어져 있는데 어서 오라는 붉은 조명의 유혹을 따라 청춘 남녀들의 발걸음이 늘어나고 있다. 우리와 동석한 여인들도 술이 제법 되었는지 거리낌 없이 많은 이야기를 우리에게 건네며 웃고 떠들었다. 하지만 불행하게도 그 여인들은 방콕에 많이 있다는 트랜스젠더였다. 감추려 해도 감출 수 없는 그 무엇! 느낌은 있었지만 결정적으로는 아마 웃음소리였던 것 같다. 술에 취한 여인치고는 매우 호탕한 웃음! 부인하던 그들도 나중엔 이실직고하고야 만다. 순간 흐르는 비참한 조용함이라니! 현지 여인이라고 철썩 같이 믿고 온갖 연애의 잡기술을 다 동원했는데, 돌아온 것은 마치 거지가 허리에 찬 허름한 빈 깡통과 같다. 참담한 기분으로 그 정적을 깰 엄두를 내지 못하고 있는데 누군가 웃는 헛웃음소리에 정신이 든다.

우리는 그때부터 트랜스젠더에 대한 호기심으로 속았다는 복수심을 극복하려고 했다. 한국에서 트랜스젠더 문화는 매우 터부시되는 터라 소문으로만 듣고 있던 그 실체를 가까이에서 보고 질문을 이어갔다. 하지만 본색이 드러나 출근 목적이 어긋난 그들은 자리를 털고 일어나더니 무언가 알아들을 수 없는 저주 섞인 말을 내뱉고는 어둠 속으로 사라져갔다.

방콕에서의 첫 추억으로 트랜스젠더를 품게 된 우리는 허탈한 웃음을 지으며 남은 맥주를 털어 마시고 밤이 된 카오산 로드를 향하여 걸어갔다. '불쌍한 놈들, 명도 짧다는데!' 그 사건 이후 우리는 방콕에서 걸어 다니는 모든 여자들의 성적 정체성을 먼저 파악하느라 정신을 잔뜩 곤두세워야만 했다.

한껏 기대했다가 바람 빠진 풍선처럼 쪼그라들어 버린 우리는 어느 카페에 들러 음식과 조니워커를 주문했다. 비록 제일 싼 블랙라벨이지만 술값이 무척 마음에 들어 죽자고 들이키기 시작했다. 조금 전에 있었던 일은 방콕에서 흔히 있을 수 있는 해프닝으로 치부하기로 하고 빈속을 채워나가니 기분이 조금씩 나아지기 시작하고 웃음도 되찾아 간다. 카오산 로드의 음식은 이미 국제화되어 있어서 입에서 거부감이 전혀 없다. 한국 사람들이 아무리 안주로 배를 채우는 스타일이라고 하지만 우리는 심할 정도로 여자 아니면 트랜스젠더인 종업원을 수시로 불러 세워 메뉴판에 있는 그림을 손가락으로 찍어 주기에 바빴다. 카페에 가득한 다양한 국적의 수많은 여행객들 틈에서 마치 초등학교 동창을 만난 것처럼 수다를 떨다가 그만 제대로 취한 우리는 흔들리는 카오산 로드 불빛을 보며 호텔로 찾아들었다.

다음 날. 어제 마신 조니워커가 가짜 술이라는 의심이 들기 시작한다. 그러지 않고서야 이렇게 속이 메스껍고 머리가 아플 리가 없다. 이미 술에 이골이 나 어떤 술이 들어오든지 체내에서 거부반응이 쉽게 일어나지 않는데 우리 모두는 괴로운 아침을 시작하고야 말았다. 더구나 어제 호텔에 들어오면서 프런트에 일일투어 프로그램을 신청해 놓은 까닭에 쉬어갈 수도 없다. 하룻밤 사이에 환하고 밝던 미소는 오간 데 없고 미간이 잔뜩 찌푸려진 채 창백한 얼굴들로 변해 있었다. 이런 사정을 알 리 없는 일일투어 차량은 호텔 앞에서 빨리 승차하라고 클랙슨을 울려

댄다. '에라 모르겠다. 가다가 구역질을 하든지 말든지 운명에 맡기자.' 하면서 승합차에 올라탔지만 내달리는 길은 어질어질하고 동공은 초점을 잃은 채 사방을 헤매기 시작한다. 눈을 꼭 감고 호흡을 가다듬었다. '아, 신이여! 이 어리석은 양을 굽어 살피소서!' 나의 기도는 간절하기만 하다.

방콕 시내를 벗어나 수산시장에 도착하니 겨우 몸을 지탱할 만큼 회복되었다. 가끔은 기도를 들어주시는 신께 마음속으로 성호를 긋고 자그마한 배에 올라탔다. 이곳 수산시장에는 새벽 일찍 도착하면 제법 사진 찍을 만한 주제가 많을 것으로 보인다. 이미 유명한 장소이지만 수를 헤아릴 수 없는 장사꾼들과 현지 사람들 그리고 여행객이 엉켜 있는 풍경은 태국의 정서를 대변할 만한 그림을 수시로 품어 내고 있다. 우리 배를 저어주는 사공에게 두 손으로 합장의 예를 올린 후 이 배가 뒤집혀 흙탕물에서 구조를 기다리는 일이 없기를 기도하며 배에 올라탔다. 작은 배지만 별로 흔들림 없이 수로를 따라 미끈하게 빠져 나가며 좌우로 풍경이 스쳐 지나간다. 수많은 사람들 중에 엄마 일손을 돕는 착한 소녀가 눈에 들어온다. 손님이 오면 밝은 미소를 지었다가 손님이 사라지면 금방 무표정으로 바뀌는 소녀! 새벽잠이 모자라서일까 아니면 친구들이 있는 학교에 가지 못했기 때문일까? 소녀에게 신데렐라 같은 행운이 찾아오기를 마음속으로 빌어본다.

여기가 정말 콰이어 강의 다리일까? 어린 시절, 영화를 보면서 가슴 졸이던 콰이어 강의 다리가 시원한 풍경과 함께 내 앞에 놓여 있다. 영화 속 주인공들은 다리를 폭파하기 위해 어디쯤에서 숨죽이고 있었을까? 이제는 관광지가 되어 수많은 여행객의 호기심을 채워주는 콰이어 강의 다리! 널따란 바위 위를 하얀 물줄기가 끊임없이 흐르고 있다. 기념관 안에는 그 시절 혹독한 노예들의 처참한 광경과 일본군의 잔혹함을 재현해 놓았는데, 포로로 잡혀 참을 수 없는 고문과 힘든 노역을 감당했던 미국이나 네덜란드 군인 등은 활처럼 휘어진 앙상한 갈비뼈를 드러내고 찢겨진 천으로 아랫도리만 가리고 있었다.

'언브로큰'이라는 영화가 개봉했었다. 태평양 전쟁을 배경으로 포로가 된 미군이 일본군으로부터 동물보다 못한 처우와 무지막지한 고문을 다 견딘 후 끝내 인간승리를 엮어내는 드라마이다. 감독 안젤리나 졸리는 참을 수 없는 극한 역경에도 꺾이지 않는 미국인의 영웅담을 담아내고 싶었을 것이다. 하지만 내 눈에는 앞으로도 일본인이 아니면 절대로 깨지지 않을 일본인만의 야만성과 지독함, 어떠한 인간적인 호소에도 결단코 반성하지 않는 몰염치 등이 영화의 주제로 여겨진다.

예능감이 뛰어난 우리 일행 중 한 사람은 굳이 아랫도리를 가린 천을 당겨 속의 물건을 확인하는 포즈를 취해주었고 이를 우연히 본 서양 여자들은 손으로 입을 가릴 틈도 없이 웃음을 터트렸다. 우울한 과거를 해학으로 마무리한 우리는 악어농장을 거쳐 방콕으로 귀환했다.

어젯밤, 어처구니없는 트랜스젠더의 출몰과 가짜라고 여겨지는 조니워커에게 무참하게 살해당한 우리는 간단하게 맥주와 식사를 하고 하루를 마무리하기로 마음먹었지만 신기하게도 저녁이 되니 기운이 조금씩 살아나기 시작한다. 그렇다고 가짜 술로 다시 한 번 쩹을 당하면 영원히 방콕 하늘 아래 묻힐 것 같아 오늘 술은 아주 조금만 하기로 작정했다.

소문난 술집과 맛집을 찾아다니는 부지런한 여행자는 못되는 터라 음악소리를 문 밖에 매달아 놓은 어느 건물 2층에 오르려는데 갑자기 나타난 건장한 서양 청년이 우리를 끌고 어둑한 접수창구로 안내한다. 아마 나 혼자였다면 겁이 나 후다닥 도망쳐 나왔을 게 분명하다. '방콕에는 국제도시에 걸맞게 할리우드 깡패 영화의 배경으로 곧잘 등장하는 입장료 받는 술집도 있군!' 입장료 얼마를 지불하니 옷을 걸쳤다고 여겨지는 여자가 우리를 빈 테이블로 안내하고 무표정하게 눈인사도 없이 병맥주 하나씩 주고 사라진다. '뭐야. 같은 동양인이면서 동양인이라고 무시하고 있는 거야?' 하지만 지금부터 영화 속 지나가는 사람처럼 조심스럽게 행동해야 한다. 익숙하지 않은 전혀 새로운 분위기인 술집에서 우리는 주연이 아닌 것이 분명하기 때문이다.

이미 손님들로 꽉 찬 술집의 가운데 링에서는 세 명의 쇼걸이 환한 스포트라이트를 받으며 절대 따라할 수 없는 야릇한 묘기를 연출하고 있고 사회자 마이크를 잡은 여자는 빨간색을 잔뜩 덧칠한 두툼한 입술 사이로 음탕한 소리를 질러대고 있다. 초보 티를 팍팍 내는 우리는 수시로 말라가는 목젖을 맥주로 적셔가며 관찰모드를 멈추지 못한다. 가끔 술집 안 여성들의 환호성을 받으며 입장하는 서양 남자들은 온갖 애교를 다 받은 후 그중

한 명을 선택하여 술자리를 이어간다. 같은 남자로서 부럽다는 표정을 주고받으며 머릿속으로는 저렇게 마시려면 얼마가 필요할까 하는 지극히 현실적이지만 쓸데없는 생각을 하고 있었다. 다른 남자들의 재미있는 술자리가 그만 재미없어진 우리는 간단하게 배를 채운 후 호텔로 돌아와 무념무상의 깊은 잠에 빠져들었다.

잠이 보약이라는 말이 있다. 우리가 어릴 때 부모님으로부터 귀가 따갑도록 들었던 밥은 보약의 원조일 것이다. 난 밥을 잘 안 먹는 참 나쁜 어린이였던 것 같다. 부모님이 수저에 밥을 떠서 먹이려 하면 구석으로 도망가 안 먹겠다고 버텼다니 말이다. 오늘도 자식에게 밥 한 술 떠먹이기 위해 무진장 애쓰는 이 세상의 모든 부모들에게 밥 먹기를 싫어했던 아이 출신으로서 힘내라고 응원하고 싶다.

아무튼 잠을 자는 동안 뇌는 신체의 피로물질을 걷어내고 세포에 원기를 보강하는 등 주인을 위해 우렁각시가 되어 새아침을 힘차게 맞을 만반의 준비를 한다. 어느 날부터인가 그런 뇌가 무척이나 신기하고 고맙다는 생각이 들어 잠자리에 들기 전에 손가락으로 내 머리를 살짝 두드리며 '뇌야~ 부탁해~'라는 말을 주절대는 습관이 생겼다. 물론 가끔 술이라는 이물질이 침투해서 뇌의 정상적인 활동을 스스로 방해하기 일쑤지만!

날씨도 우리의 개운하고 가벼운 기분을 맞추어 주려는지 아낌없이 투명한 햇살을 뿌리고 있다. 몸과 마음을 정비한 우리는 발걸음을 왕궁 방향으로 옮겨 나갔다. 하루 장사를 시작하려는 장사꾼들은 담배를 입에 문 채, 가방 속의 물건들을 꺼내어 좌판 위에 보기 좋게 늘어놓으면서 어슬렁 지나가는 우리 일행을 슬쩍 보고 만다. 아직 지름신이 임하지 않은 것을 용케도 알아챈 모양이다.

처음 걷는 길을 따라 얼마쯤 걸었을까, 어디선가 사람들의 웅성거림과 북을 치는 듯한 소란스러운 소리가 들려온다. 아직 이른 오전 시간에 무슨 일일까? '태국' 하면 떠오르는 노란 티와 빨간 티 사이에 또 한바탕 세력 다툼이라도 벌어졌을까? 시위라면 이골이 날 대로 난 한국 사람이지만 일상을 벗어난 상황은 여행객에게 흥미를 주기에 충분하다. 그러나 호기심을 따라 찾아 들어간 곳은 탐마삿대학교. 마침 오늘이 졸업식이란다. 검은 학사 가운을 입은 그들의 손에는 빛나는 졸업장이 들려있고 여학생들은 화려한 화환을 머리에 쓰고 있었다. 특이한 것은 여기저기에서 후배로 보이는 사람들이 졸업생을 가운데 두고 힘차게 구호를 외친 후 북을 치며 응원가를 정말 열심히 정성껏 목심줄이 터져라고 불러준다는 것이다. 졸업하는 선배의 앞날에 어떤 어려움이 닥치더라도 오늘의 이 열정으로 다 헤쳐 나가라는 염원을 담아서 말이다. 후배들에 둘러싸여 환한 미소로 그들을 바라보고 있는 졸업생이 문득 부러워진다. 지나가는 졸업생들의 잘생긴 얼굴을 바라보면서 저들의 앞날에 밝은 태양이 빛나기를 빌어준다.

왕궁에는 벌써 많은 관광객들이 넘쳐나고 있었다. 박물관으로 줄지어 들어가면서 일행 중 한 명이 무슨 연유에선지 앞에서 가던 한국 여대생 두 명에게 갑자기 말을 걸더니 자기 대학 후배임을 알아냈다. 신기한 일이다. 대학이 서열화된 한국에서 출신 대학은 매우 중요한 프라이버시로 여간해서는 결코 묻지 않는데 이 사람은 어떤 영감靈感으로 그날 그걸 물었을까? 자유로운 여행지에서 졸지에 선배를 만난 불쌍한 두 사람은 우리 일정을 들어보곤 단박에 동행하기로 자의 반 타의 반 결정하고 말았다. 그중 한 사람은 지금은 보기 힘든 필름카메라를 어깨에 메고 있었는데 미술 전공이라 가져왔다고 한다. 또한 두 사람은 같은 학교 같은 학년이지만 서로 다른 곳을 여행하다가 이곳 카오산 로드에서 우연히 만나 여행경비를 아끼려고 같이 다니고 있다고 한다. 세상 참 재미있다는 생각이 든다. 여행이 아니면 이루어질 수 없는 우연의 파노라마 속에 내가 존재하고 있다는 사실이 떠올라 문득 신께 감사기도를 올렸다.

하얀색 그리고 금색이 빛나는 왕궁에 가끔 지나가는 승려들의 붉은 옷이 보인다. 왕궁은 랜드마크인 만큼 방콕 공항에 착륙한 모든 여행자들이 반드시 거쳐야 하는 필수 코스라 지나가는 사람들을 구경하는 것도 나름대로 재미가 있다. 불구경이나 물구경 그리고 싸움구경도 재미있지만 그것들은 엄청난 후유증을 동반하기 마련인데 사람구경은 적당한 곳에 걸터앉아 눈만 굴리면 되는 것이다. 친구끼리 가족끼리 또는 혼자서 왕궁 구석구석을 보면서 무슨 생각들을 하는 걸까? 저들은 어떤 형태의 삶을 영위하고 있을까? 스트레스 지수 1위, 일주일 노동시간 1위의 나라에서 온 나는 다른 나라 사람들은 어떻게 먹을 것을 구하고 어떤 가치 있는 삶을 살아가고 있는지 궁금하다.

단체로 파란 티를 맞추어 입고 있는 것으로 보아 프랑스 대학생들 수십 명이 수십 명의 스님들과 함께 기념 촬영을 하고 있다. 나이 차이 때문일까? 무표정한 스님들을 배경으로 발랄함 충만한 대학생들의 환한 미소가 아름답다. 불가에 입문하여 성불을 목표로 정진하는 삶이 여기도 고된가 보구나. 그래도 활짝 웃으면서 단체사진에 입장했더라면 얼마나 더 좋았을까? 어쩌면 근엄한 얼굴들이 사진으로서는 더 빛나 보일지도 모르지만 말이다.

복잡한 왕궁을 벗어난 우리 일행은 차오프라야 강 선착장에서 값싼 셔틀배 대신 전세 택시배를 타고 강을 거슬러 올라가 전 세계 어디에나 있다는 차이나타운 방콕지점을 찾아 나섰다. 중국 사람들이 당당히 상권을 꿰차고 앉아있는 화교 거리는 장사가 잘되는지 사람들로 빼곡해서 틈바구니를 찾아 길을 걸어야만 했다.

입구부터 그럴듯하게 맛있어 보이는 중식당의 한자리에 진지를 구축한 우리는 널따란 둥근 식탁을 음식으로 꽉 채웠다. 기나긴 여행으로 굶주렸음이 분명한 두 여대생은 마음 넉넉한 선배의 배려 아래 겨울잠을 앞에 둔 곰처럼 오랜만에 포식할 수 있었다.

방콕의 화교 거리는 예상보다 크고 물건도 무척 많았다. 에어컨 바람이 새어 나오는 어느 골목은 여자들이 좋아하는 액세서리들이 가득했는데 가끔 개처럼 오줌 표시를 해놓지 않으면 길을 잃을 수밖에 없을 지경이다. 두 후배는 든든해진 배를 앞세 워 그 복잡한 골목상가를 누비기 시작한다. 이제 여행을 마치고 집으로 돌아갈 때가 되었는지 아마 자그마한 선물을 찾는 것으로 보였다. 액세서리 삼매경에 빠진 두 후배를 무턱대고 따라 다니는 우리는 졸지에 보디가드가 되어 버렸지만, 선물을 챙기려는 두 마음이 아름다워 아무 말 없이 끝까지 따라다니기로 한다.

골목을 벗어나 차가 다니는 길가에 나온 우리 눈에 두리안을 가득 실은 수레가 보인다. 동남아 여행이 주는 기쁨 중의 하나인 두리안, 입에 넣을 때 잠깐 숨을 참으면 지상 최고의 맛은 금세 황홀경에 빠지게 한다. 내게 아낌없이 최고의 맛을 선사하는 아, 사랑스런 방콕이여!

짜뚜짝 시장을 거쳐 카오산 로드로 가기로 하고, 차오프라야 강에 떠다니는 셔틀배에 올라탔다. 무더운 날씨 때문인지 강바람이 무척이나 시원하게 느껴진다. 제주도에서 가장 흔한 것이 바람과 여자 그리고 돌이라는 말처럼 방콕에서 제일 흔한 게 여행객일 텐데 배 안에 있는 현지인들은 내게 눈길을 주는 수고를 아끼지 않는다. 약간 그을린 피부에 어쩐지 좀 피곤해보이는 그들은 배의 딱딱하고 거친 의자에 몸을 기댄 채 나름대로 안락함을 느끼고 있는 듯이 보인다.

새벽 사원의 풍경이 점차 가까워지며 그들의 눈도 내 눈도 사원으로 향한다. 여행객에게는 단지 흥미로운 눈요기에 머물지도 모를 저 멋진 장면을 이들은 어떻게 바라보고 있을까. 같은 곳을 바라보지만 배에 탄 사람들 모두 각자 다른 생각들을 품고 있을 것이다. 살아있다는 것은 머리에 생각들이 쉬지 않고 움직이고 있다는 걸까? 그래서 사랑도 움직인다고 하는 거였군!

주말마다 열린다는 짜뚜짝 시장, 전철역에서 내려 시장으로 향하는 길에는 벌써 사람들이 넘쳐난다. 인구 천만의 방콕에 사는 사람이 거의 절반쯤은 나온 것 같다. 엄청난 인파와 세상에 있는 모든 상품이 진열된 상점들이 골목골목을 꽉 채우고 시장 특유의 에너지를 뿜어내고 있다. 빨간색이나 노란색 물이 들어 있는 주전자를 얼음이 가득한 틀에 부으니 즉석 아이스 바가 되어 나온다. 어린 시절의 일명 아이스께끼! 예나 지금이나 달콤하고 시원한 아이스 바는 아이들의 몫이다. 사먹고 싶은데 그놈의 안전에 대한 의구심이 따라와 어떤 맛일지를 아이들 표정을 보며 추측하는 것으로 만족하고 만다. 무슨 마라톤 완주의 의미가 있는 것처럼 그 넓은 짜뚜짝 시장을 종으로 횡으로 다닌 후에야 피곤해진 다리를 이끌고 다시 전철로 향한다.

카오산 로드에 도착한 우리 일행은 배낭을 잔뜩 등에 지고 어디론가 걸어가는 여행자를 비롯한 사람들의 모습과 이런 저런 물건들을 파는 가게, 여행사, 게스트하우스 간판 등을 대략 눈으로 스케치하며 중심거리를 왕복한다. 길거리 의자에 앉아 레게 머리를 땋는 여인을 보며 멋있긴 하지만 정말 불편하겠다는 생각이 든다. 길고 찰랑거리는 머리카락이 주는 섹시함을 포기해야 하는 그녀는 머리카락을 길게 꼬아 내린 레게머리로 색다른 섹시함을 보여준다. 마지막으로 빛나는 형광색 장식들을 레게에 붙인 후에야 기나긴 치장 시간을 마치고 그녀는 크나큰 엉덩이가 자신의 숨길 수 없는 섹시 포인트라고 우리에게 일깨워주며 늦은 오후의 태양 속으로 사라진다.

카페 안에는 더위에 지친 영혼들이 김빠진 맥주병을 앞에 두고 물끄러미 바깥을 쳐다보고 있다. 도무지 따라하기 힘든 게 저런 모습이다. 달랑 맥주병 하나 입에 물고 몇 시간씩 명상처럼 시간 보내는 행위! 여행의 트렌드를 저런 모습으로 바꾸어야 하는데 그게 쉽게 되질 않는다. 빡빡한 일정을 보내고 난 후 피곤에 쩔어야 본전을 뽑았다는 생각이 주는 뿌듯함을 도저히 포기할 수 없기 때문이다. 이 어리석은 여행을 난 언제쯤 마치게 될까?

간이 충분히 회복되었다고 신호를 보낸다. 방콕 전체가 그렇겠지만 카오산 로드에는 정말 다양한 종류의 맥주가 준비되어 있어서 애주가에게는 그야말로 천국이다. 푸짐하고 맛있는 요리와 함께 마시는 시원한 맥주를 어떻게 표현할 수 있을까? 거리는 어두워져 태양의 뜨거움이 숨을 고르는 사이, 수많은 여행객들은 서로 질세라 밤의 열기를 쉼 없이 지펴 나갔다. 전 세계에서 가장 밤과 낮이 뜨거운 곳은 바로 이곳 카오산 로드가 아닐까! 수없이 부딪치는 술잔과 도대체 기억 어느 곳에서 숨어 있다가 나왔는지 모를 재미있는 경험담 속에 밤하늘의 별들도 횃불을 놓고 있다. 떠오르는 여행의 단편들, 어느 선술집에서 한국 노래에 맞추어 방콕 아줌마와 함께 춤추던 일, 빨간 카펫 위에서 강한 비트와 색소폰이 춤추던 클럽에서 맥주병을 기울이던 일, '나 대물 너 소물'이라던 옷가게에 걸려있는 셔츠, 아름다운 추억을 쌓고 먼저 귀국한 두 후배 그리고 강한 내상을 입혔던 트랜스젠더의 추억이 모두 아름답게 어우러져 간다.

삶이 피곤하고 답답하게 느껴질 때 이곳 카오산 로드를 기억할 수 있어서 참으로 다행이 아닐 수 없다. 언젠가 나도 이곳 카오산 로드를 기점으로 세상 이곳저곳을 향하여 여행하는 자유로운 유랑자가 되고 싶은 마음이 간절하다.

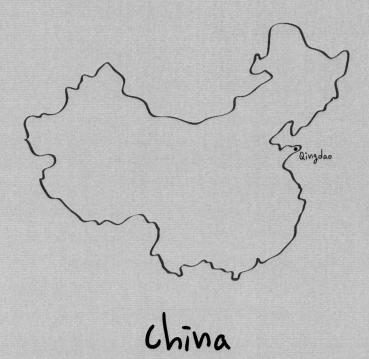

Qingdao

China

삶이란 이런 거야

다독여도

앙금으로 남아있는 찌꺼기가

생각줄을 타고와 괴롭히는 밤

그 밤을 초췌해진 모습으로 보내

끝내 비틀거리는 영혼으로

어찌 또 하루를 맞을 건가

그래도 걸어야지

걷고 또 걸어야지

말없이 걸어야지

맥주 여행

　배낭여행으로 제법 유명한 N여행사 홈페이지의 호텔팩 정가에서 4만 원 디스카운트, 여섯 명이 일행이니 24만 원, 이 정도 액수면 없는 살림에 결코 적지 않은 돈이다. 그러나 이 돈을 확보하기 위해서는 그만큼 대가를 치러야 했는데, 비행기가 아침 8시 30분 출발이어서 출국 수속을 위해서는 6시 30분까지 공항에 도착해야만 했다. 내가 사는 곳에서 넉넉히 두 시간은 잡아야 하는데, 또 나보다 멀리서 와야 할 사람들은 어쩔 수 없이 잠을 거의 설쳤을 것으로 짐작된다. 그러나 어쩌랴! 예약은 완료되었고 어떻게든 도착할 수밖에! 또 다른 사람들을 발을 동동 구르며 기다리게는 할 수 없는 일, 배낭 하나 후다닥 챙기고 난 후 좀 일찍 잠자리에 들었고 내 두 눈은 정확히 새벽 두 시 반에 활짝 열렸다. 그러나 바로 일어날 생각은 없었다. 미리 맞추어 둔 스마트폰 알람이 작동하기까지는 반수면 상태에서 엎치락뒤치락하면서 곧 울릴 알람 소리를 기다렸다. 머리가 다시 멍해질 때쯤 드디어 날 깨우는 소리에 머리를 곧추 세웠다. 결코 유쾌한 컨디션이 아닌데도 얼굴에 닿는 물의 찬 느낌이 매우 시원하다.

식탁을 보니 바나나가 보인다. 내가 좋아하는 바나나는 원숭이 바나나라고 하는 손가락보다 좀 두꺼운 건데 우리 집에는 커다란 바나나가 주로 공급된다. 코끼리처럼 간식이 아니라 식량으로 먹으라고 둔 듯한데, 평소에는 거들떠 보지도 않는 것을 무의식중에 입으로 가져갔다. 비록 한 시간 남짓한 비행거리지만 명색이 국제선이라 기내식을 준단다. 아침을 기내식으로 해결하기로 마음먹었으니 하나만 먹어야지. 예쁜 스튜어디스가 음식을 줄 때까지 난 얼마든지 참을 수 있다.

택시가 금방 잡힐까 하는 걱정을 하면서 준비해둔 검은 배낭을 집어 들었다. 언젠가 서울에서 백령도를 가기 위해 집 앞에서 택시를 잡고 "기사님, 인천 연안부두까지요." 하는 순간 퍼지는 택시 기사의 미소가 기억난다. 아무튼 그때는 아주 이른 새벽이었지만 집 앞에 택시가 마치 기다리기라도 한 듯이 시동을 걸고 있어서 좋았었는데. 그러나 오늘은 보이지 않는다. 옷매무새를 고치며 큰길 사거리까지 내려오니 그때서야 지나가는 택시가 보인다.

공항 리무진 버스터미널에는 사람이 많다. 전혀 예상치 못한 일이다. 넉넉하고 들뜬 기분으로 리무진 버스에 몸을 싣고 공항으로 가는 모습을 상상하며 택시를 타고 오는 동안 내내 흐뭇했는데 긴 줄을 서서 기다려야 한다. 결국 20여 분 후 다음에 오는 차표를 손에 쥘 수밖에 없었다. 정류장 의자에 앉아 주위를 둘러본다.

옆에 대학생쯤 되어 보이는 남자가 왼손에 스마트폰을 들고 이 것저것 만지고 있는데 아버지로 보이는 사람이 다가와서 뭐라고 몇 마디 하더니 만 원짜리 몇 장을 건네준다. 그만 돌아가라는 아들의 말을 듣고 아버지는 건너편에 세워둔 차로 간다. 그러고 도 한참이나 그 자리에서 아들을 지켜보고 있다. 아들인가? 아 닌가? 돈을 받아든 청년의 무성의한 태도로 보아서는 아들이 맞 는 것 같다. 자세히 보니 차 안에 엄마로 보이는 여자도 보인다. 여자도 내내 건너편 아들 모습을 쳐다보고 있다가 창 밖으로 손 을 내밀며 무어라 외친다. 아들은 흘깃 쳐다보곤 다시 눈길을 스 마트폰으로 향한다. 이러기를 10여 분. 부부의 차가 움직인다. 내리 사랑이라더니 부모 마음만 간절할 뿐 자식 마음은 뚝하기 그지없다. 한국 사람의 지나친 자식 사랑은 세계에서 그 유래를 찾기 힘들지만 어쩌다 우리 DNA 속에 자식을 하느님처럼 모시 고 사는 운명으로 온 나라가 병처럼 앓고 있을까? 줄줄이 자식 을 차에 태워 오는 사람들이 보인다. 여대생 세 명이 어디론가 떠나는 모양이다. 부모끼리도 서로 아는지 반갑게 인사하고 딸 들은 다소 상기된 얼굴들이다. 좋아 보였다. 청춘은 추억을 쌓기 에 아주 좋은 때임이 분명하다.

이른 시간이어서 리무진 버스는 막힘없이 달린다. 한강을 낀 88도로, 세계 어디에 이렇게 큰 강을 오래도록 조망하면서 달릴 수 있는 길이 또 있을까? 물론 길 대신 공원이나 자연 녹지로 되 어 있다면 어떨까도 생각해보지만 팍팍한 도시에서 자동차를 타고서 한강을 흠뻑 느끼는 것도 결코 나쁘지 않다. 나는 환경 보존론자보다는 개발론자에 가까울까? 아프리카 원주민 삶을 다룬 『숲 사람들』이라는 책이 떠오른다. 우리 눈에는 미개하게 보이지만 숲 속에서 부족함 없이 군락을 이루고 사는 사람들에 관한 보고서였다. 그러나 아무리 그렇다 해도 난 밀림보다는 도시가 살기에 좀 낫다는 생각이 든다. 거친 나뭇잎으로 항문을 문지르는 것을 상상만 해도 괄약근이 긴장된다.

다행히 일행 모두 늦지 않고 도착했다. 기억 속에 무척이나 익숙한 얼굴들이다. 같이 있는 것만으로도 마음이 흐뭇한 사람들. 오늘 처음 뵙는 H씨도 이번 여행에 동참하셨다. 간단한 인사 후 여행사 직원처럼 여권 등을 확인하고 수속을 밟았다.

1년에 고작해야 몇 번 밖에 못오는 곳이지만 올 때마다 마음에 드는 인천 공항. 꼭 뭘 살 것도 아니면서 면세점을 둘러보다가 그만 카드를 꺼내 지르곤 한다. 여행을 많이 다니는 사람은 쇼핑을 별로 즐기지 않고 대신 맛난 음식을 찾아 혀의 호사스러움을 즐기거나 오페라 같은 문화에 아낌없이 투자한다고 한다. 그러나 이번 여행은 지갑 속의 카드가 자주 외출을 할 것만 같다. 짝퉁의 본거지에서 어찌 지르지 않을 수 있겠는가?

중국으로 가는 비행기는 연식이 20년은 족히 넘은 듯한 자그마한 것으로 작은 튜브에 들어온 느낌이다. 낡았지만 그래도 몇 년 전에 탔던 어떤 나라 국적기에 비하겠는가? 창문 틈을 테이프로 발라 놓았을 정도라 하늘에 떠 있는 동안 무사히 도착하기를 기도해야만 했다. 덕분에 비행기는 절대 안 떨어진다는 이상한 믿음이 생겼지만 말이다. 내 생각에 항공기 신형은 선진국에서 독차지해서 비행하다가 노후되어 고객 만족도가 떨어질 때쯤 개도국에 팔아넘기는 게 아닌가 싶다. 개도국은 이 비행기를 인수해서 깨끗하게 닦고 광택내고 페인트칠해서 다시 한참 동안 비행한 후에 자금 조달력이 부족한 항공사에 넘기겠지. 지금도 지구 위에는 낡은 잠자리가 무수하게 날아다니고 있을 것이다. 비행기도 빈부격차가 심한지, 돈 많기로 소문난 아랍에미레이트 항공은 수십 대가 그 유명한 A380 아니면 보잉의 최신 기종이라는 말을 들은 적이 있다. 우리나라도 최근에야 겨우 A380 한 두 대 구입해서 운항하고 있는데 말이다. 얼마 전 두바이에 가기 위해 A380을 탔는데 무려 열 시간 넘게 비행하면서도 지루하지 않고 기분 좋게 날았던 추억이 있다. 역시 돈 값을 한다.

어떤 블로그에 인천-칭다오 구간은 비행시간이 짧아 스튜어디스가 밥을 던지듯이 주고 간다고 해서 각오하고 있었는데 그 정도까지는 아니었다. 다만 짧은 시간 안에 음식을 받고 먹고 커피 마시고 치우고 하는 등 기내식을 위한 일련의 행동을 일사불란하게 해야만 한다. 국제선을 타면 거의 맥주를 요구하는데 아직 아침이고 비행시간이 너무 짧아 말이 나오지 않는다. 그 나라 맥주를 음미하면서 그 나라의 문화를 맞이할 준비를 해야 하는데 말이다.

칭다오에 도착했다. 출구에 나와 내 이름을 찾으니 안 보인다. 출발 전날이 되어서야 지하철 안에서 불현듯 생각나 나흘 중 이틀은 좀 편하게 구석구석을 다니려고 급하게 차량과 기사를 섭외했었다. 동공을 조여 살펴보니 사이드에서 어떤 사내가 주섬 주섬 종이를 펴는데 내 이름이 나타난다. 이 사람은 특이하게도 손님을 맞을 때 정면에 서 있지 않고 측면에서 기다린다고 한다. 왠지 정면에서 다른 가이드처럼 줄서서 있긴 싫다면서. 그만의 자존심일까?

인구 800만 명이 넘는 칭다오는 도시가 형성된 지 100여 년에 불과하단다. 그전에는 작은 어촌이었는데 개항시기 독일조계가 들어서면서 도시가 팽창하여 지금은 중국의 몇 대 도시쯤 되는 모양이다. 그래서인지 급하게 현대화되는 모습으로 도시가 분주해보인다. 새로운 도시를 본다는 것은 무엇을 의미할까? 누구나 공항에서 내리면 공항 내부와 외부를 둘러보고 차로 이동하면서 여기저기를 살펴보게 된다. 그래서 갖게 되는 첫인상이라는 것, 이것은 오기 전 사전 정보로 얻게 된 선입관과 엉켜서 하나의 정서를 만들어 내게 마련이다. 물론 투박한 내 눈에는 무엇이든지 다 멋져 보인다.

칭다오는 어떤 도시일까? 7월이면 한참 더운 시기이니 쾌적함 같은 것은 기대할 수 없다. 그러나 유럽형 조계의 영향을 진하게 받아서인지 대체적으로 도시는 깨끗하게 유지하려는 노력이 깃들어 있고 사람들 표정도 밝아 보인다. 더구나 100년쯤 되는 유럽 특유의 붉은 지붕을 가진 집들이 새단장한 듯 페인트칠을 한 채 서 있었다. 해변을 끼고 풍경 좋은 곳을 골라 여기저기에 형성된 고택들은 눈을 호사스럽게 하기에 충분하다. 물론 뒷골목은 다소 지저분하기도 했지만 최소한 큰길은 휴지하나 없이 잘 정돈되어 있었다.

　언젠가부터 거리의 지저분함으로 그 나라의 수준을 가늠하는 척도로 삼는 습관이 배어 버렸다. 대부분의 선진국은 거리가 걷기에 편하게 잘 조성되어 있고 또 눈에 띄는 쓰레기도 별로 보지 못했던 것 같다. 물론 쓰레기로 악명 높은 이탈리아 같은 나라도 있긴 하지만 특히 일본의 청결 수준이란 혀를 내두르기에 충분하다. 하지만 한국은 과히 쓰레기 문화라고 일컬어도 될 만큼 거리가 지저분해서 이탈리아와 거의 1, 2등을 다투지나 않는지 모르겠다. 반도국가 만의 어떤 특징일 리도 없는데 말이다. 지하철 스크린도어 앞에 먹던 커피를 그대로 가지런히 놓고 가는 것은 그나마 애교 있는 행동이고, 청소부가 밤과 새벽에 깨끗하게 정리해 놓은 거리를 출근 시간이 지나면 쓰레기의 전설을 되살리고 만다. 여름 휴가철 뒤 해변에서 몇 톤의 쓰레기를 치웠다든가, 고속도로변에서 도로공사 직원 들이 또 몇 톤의 쓰레기를 포대에 담았다든가, 이벤트 행사 뒤에 실종된 시민의식 운운하는 것은 뉴스 앵커의 고정 멘트가 되어 버렸다. 우리는 정갈하고 깨끗한 DNA가 결여된 민족일까? 그래서 정권이 바뀌거나 무언가 구릴 때마다 부르짖는 부패척결도 어려운 것일까?

　다시 칭다오로 돌아가자. 칭다오 하면 역시 맥주! 칭다오 맥주 공장 옆에 조성된 맥주거리에는 휘황찬란한 맥주가게가 길 양옆으로 즐비하게 늘어서서 그야말로 불야성을 이룬다. 맥주를 마실 줄 아는 사람은 거의 매일 이곳에서 음주문화를 즐기기라도 하는지 모든 술집은 맥주향기가 가득하다. 호객 행위를 흔쾌히

받아 자리를 잡고 앉은 우리는 주위를 둘러본다. 연신 큰 버스와 자그마한 차들이 맥주에 목마른 영혼들을 쉬지 않고 내려놓으면 저마다 그 큰 중국말로 주문을 외쳐댄다. 마치 초등학교 1학년들이 선생님의 미소 띤 질문에 서로 대답하겠다고 아우성치듯 말이다. 어느덧 그 넓은 맥주거리가 애주가들로 꽉 들어차고 무슨 사연이 저렇게 많았는지 맥주 속에 다 우려내고 있다.

우리 일행은 습관대로 피처를 다소곳하게 주문했으나 옆 테이블 왕서방들은 아예 생맥주통을 테이블 위에 올려놓고 따라 마신다. 대륙 기질이 튕겨 나온 저 뱃속에 있었군. 생맥주 한 모금을 마시니 작은 눈이 둥근 달처럼 휘둥그레진다. 세상에 어떻게 이런 맛이 있을 수 있을까? 방금 공장에서 담 넘어와 내 목구멍을 타고 들어간 칭다오맥주는 연거푸 들이키라 명령한다. 술의 신 디오니소스의 망나니 아들이 부모 몰래 맥주를 마시기 위해 하늘의 비법을 전수한 것이 틀림없다. 이 생맥주 하나만으로도 칭다오 시민은 무척이나 행복할 것만 같다. 개인적으로 독일 맥주보다 프라하에서 마셨던 맥주를 잊지 못한다. 그 맛을 칭다오에서 다시 볼 줄이야! 명불허전, 소문이 사실이었어! 마시고 또 마시고 안주는 칭다오의 풍부한 해산물로 듬뿍듬뿍, 저녁 대신 해산물과 생맥주로 배를 채우리라 마음먹고 왔지만 그날 우리는 엄청난 양의 맥주와 안주를 먹어 치웠다. 너무나 행복한 밤이다.

독일 조계 때 별장이 만들어진 팔대관으로 길을 잡았다. 길다란 해변을 따라 야트막한 언덕에 늘어선 별장은 그야말로 최상의 입지조건이어서 한 번 들어오면 나가기 싫을 정도이다. 가끔 나타나는 그림 같은 길과 나무들은 배경이 되어 사람들을 부른다. 장제스가 머물렀고 독일 조계 총통이 살았다는 화석루는 두 거인이 살았다고는 믿어지지 않을 만큼 의외로 좁고 소박해 보인다. 화석루 위에서 내려다보니 멀리 해변에서 신부들의 기념 촬영하는 모습이 파노라마처럼 펼쳐져 있다. 목화솜처럼 피어난 신부들은 여기저기에서 사진사의 요구에 따라 거친 호흡에도 미소를 잃지 않고 있다. 파란 바다와 하얀 목화솜, 역시 팔대관은 이래저래 풍경 하나는 끝내주는 곳임에 틀림없다. 바닷가 가까운 나무 그늘에서 촬영에 지친 신부들이 옹기종기 모여서 종아리를 주무르며 쉬고 있다. 적당한 거리에서 셔터를 눌렀다. 머릿속으로는 18세기경의 그럴싸한 명화를 그렸는데 나중에 보니 오토포커스의 미스가 생겨 결국 실패하고 말았다. 이들은 점지한 사진사의 카메라에게만 잘 찍히는 마법이라도 있는 걸까? 니콘 카메라는 초점 포인트가 많아서인지 선예도와 초점에서 뛰어난 장점을 보인다는데 순간 포착을 즐기려면 장비를 바꾸어야 할까? '나무 밑에서 쉬는 신부들', 이 얼마나 근사한 그림이란 말인가? 언젠가 미러리스 성능이 DSLR을 충분히 따라잡으면 니콘으로 갈아타야겠다. 하지만 원래 실력 없는 사람이 장비 탓 한다고 누군가 했던 말이 귓가를 간지럽힌다.

바다를 보기 위해 가까이 다가섰다. 소림사 예법을 익힌 파도는 호수의 얼굴을 하고서 침묵을 지키고 있고 불어오는 바람에는 바다 내음이 잔뜩 묻어 있다. 잔교를 걸어본다. 이미 다리 위에는 중국 곳곳에서 관광 온 것으로 보이는 중국 사람들 때문에 혼잡하기 그지없다. 모두 카메라를 들고 여기저기에서 거의 비슷한 포즈와 배경으로 인증샷을 찍는 재미에 푹 빠져있다. 많은 카메라와 더 많은 피사체를 피해서 다리를 건넜다. 잔교 팔각정에서 바라보는 칭다오는 현대화의 가속도가 잔뜩 붙어 있는 것 같다. 바다는 녹색에 가까운데 멀리서 보아도 파래나 녹조 같은 것이 잔뜩 끼어 있어서 깨끗해보이지 않는다. 아마 한국이라면 사람들이 수영 같은 것은 생각도 못할 텐데 어른, 아이 할 것 없이 얼굴에 녹색 물감을 칠하고 있다.

서울의 인사동과 비슷한 장소에 도착했다. 중국에 있는 모든 산을 다 파헤쳐 옮겨온 듯한 엄청난 수석들이 보이고 전통적인 장식품과 잡다한 생활용품 등이 길거리 좌우에 늘어서 있는데 길은 좀 한산한 편이다. 한 곳에 들러 돼지 갈비처럼 생긴 신기한 돌 가격을 물어 보았다. 상상 외로 너무 비싸다. 저런 돌은 고깃집에서나 사갈까? 중국인들이 고기를 먹기 시작했다고 하더니 돌조차 고기를 닮아야 돌 값 하나 보다. 골목으로 들어서니 수줍은 아가씨가 서예붓을 파는 모습이 보인다. 신기한 것은 붓을 사면 칼로 원하는 문구를 손잡이에 새겨 주는데 정말 빠르게 파 내려간다는 것이다. 나는 '사생결단'을 주문했다. 언젠가 부채에 장난삼아 동일한 사자성어를 써서 들고 다녔더니 보는 사람마다 웃었던 기억 때문인지 친숙하기엔 너무 비장한 용어가 나에겐 입에 배고 말았다. 붓에 하얗게 새겨진 '사생결단'을 보면서 매우 만족한 웃음을 지었다. 여름철 서울을 사자성어로 표현하면 단연 '하의실종'이 아닐까? 사자성어 놀이를 하던 우리는 일행 중 한 사람이 외친 '어따대구'를 듣고 모두 배를 잡고 한 번 웃어 제쳐야 했다.

칭다오에 있는 짝퉁시장 찌모루의 규모는 그다지 크지 않다. 한국에서 가깝다는 접근성 때문에 비교적 잘 알려져 있지 않을까 싶다. 시립병원 근처에 위치한 잡화건물의 1, 2층에 위치해 있는데 이 날은 십여 집 정도의 가게가 문을 열고 있었다. 짝퉁도 급이 있단다. 보통 B급은 전시해서 팔고 A급 이상은 비밀스러운 장소로 이동해야 구경할 수 있단다. A급보다 좋은 것을 SA급이라 하고 최상위급은 일대일이라고 부르는 이 구분이 여기만의 룰인지 아니면 전 세계에서 통용되는 ISO규격인지 모르겠다. 처음에 여행계획을 세울 때는 한 번만 들를 생각이었는데 어느덧 두 번으로 늘었고 일행 중 몇 명은 마지막 날에 출장 다녀오시듯 또 다녀왔으니 나흘 중 3일을 짝퉁시장에서 보낸 꼴이 되었다. 마음에 드는 것을 득템한 듯한 그들의 뿌듯한 미소에 나도 그냥 덩달아 기뻐하기로 했다.

밤안개가 자욱하게 깔려있는 우쓰광장, 1919년 5월 4일 중국 학생들이 일으킨 반제국주의·반봉건주의 혁명운동이 시작된 역사적 장소라고 한다. 5·4운동의 발원지라서 그런지 가장 좋은 해변을 골라 넓게 또 정성스럽게 만들어 놓았다. 그 가운데 횃불 같은 조형물이 하나 서 있는데 그 주변으로 여름밤을 즐기러 나온 사람들의 유영이 끊임이 없다. 조형물은 원래도 빨간색인데 밤이 되면 빨간색 조명으로 더욱 붉게 물들어 사람들을 혁명의 그날로 유혹하는 것만 같다. 중국하면 빨간색, 이 공식이 오늘도 하늘에 닿도록 기세가 드세다. 이날도 찾아온 사람들이 저마다 주변을 맴돌며 같이 붉게 타오르려고 한다. 언젠가 만났던 조선족 중국인 가이드의 말이 생각난다. 그는 중국은 거대한 돌과 같아서 구르기가 쉽지 않지만 서서히 구르기 시작하면 언젠가는 엄청난 굉음을 내면서 전 세계를 제압할 것이라고 예언처럼 말했었는데 그 자신감 넘치는 말이 점차 현실이 되어 나타나고 있지 않은가! 무서운 중국!

몇 년 전인가 칭다오 여행을 생각했었다. 어디 가야지 하고 계획하면 언젠가는 가게 되는 모양이다. 이것도 자기암시의 효과일까? 돌아오면서 다음 여행지를 생각했다. 잠깐밖에 들리지 못해 아쉬움이 남았던 이스탄불이 우선 떠오르고 족자카르타가 뒤를 잇는다. 가고 싶은 곳이 이뿐이랴. 뉴델리, 미얀마, 라오스, 블라디보스토크 등 어디로 가게 될지 모르지만 마음속 깊이 개어 두고 신이 허락하실 날을 겸손하게 기다린다.

Yogjakarta

Ubud

Indonesia

사랑은 어디에서부터 시작되었을까?

돌 사이 풀처럼 피었다가
이슬처럼 사리질 사랑아!

신혼여행지 NO!
YES, 배낭여행지

지금은 인기가 예전 같지 않지만 여전히 신혼여행지로 많이들 선택하는 발리(Bali), 갓 결혼한 두 사람이 서로에게 충성 맹세를 밤낮으로 주고받는 곳에 배낭을 메고 가기로 작정하고 항공권을 손에 쥐었다. 시간보다는 저비용이 월등한 가치를 갖고 있는 불경기라 상하이를 경유하는 동방항공 티켓을 예약했더니 두 장을 발권해준다. 환승 공항인 상하이에서 아홉 시간 넘게 대기했다가 밤비행기로 출발하면 발리 덴파샤 공항에 다음날 새벽 두세 시경 도착하는, 그래서 외박 첫날밤을 고스란히 비행기에서 보내야 하는 스케줄, 까짓 거 여행하는데 그쯤이야!

이번 배낭여행에 동행한 일행은 모두 열 명이다. 열 명이면 패키지여행 한 팀 분량인데 아는 사람 한 명 두 명 모이다 보니 그렇게 되었다. 저렴한 비용으로 유혹한 나는 나머지 일행들을 대부분 알지만 저들은 서로 태어나고 처음 만나 공항에서 즉석 인사하고 동행하게 된다. 난 왠지 이 부분이 마음에 든다. 코어가

된 기분이랄까? 배낭여행인 만큼 여성 참가자들에게는 이삿짐을 싸오지 말고 간단하게 짐을 꾸리라고 몇 번이나 당부하면서 옷도 예쁘게 입고 오라는 특별 부탁도 잊지 않았다. 나도 그렇지만 한국 사람들은 대개 여행할 때 활동하기에 편한 옷을 입고 다니는 경향이 많아서 나중에 우중충하게 참 일관성 있는 사진만 남게 되는 것을 많이 보아온 터라 원피스 한두 벌은 반드시 가져오고 만약 못 가져 오면 현지에서 구입하라고 말해 두었다. 특히 나는 등산복 스타일의 옷을 입고 여행에 나서는 것을 무슨 이유인지는 모르나 병적으로 싫어한다. 나같이 이상한 여행 주동자를 만나서 장롱 안의 옷을 몇 벌 꺼내서 들었다 놓았다를 반복했을 여성 일행들에게 좀 미안한 생각이 든다. 그래도 여행이 주는 달콤함에 젖어 힘든 줄은 몰랐겠지.

두 시간이 채 되지 않아 일정에 있는 총 여섯 차례의 비행 중 1차 비행이 끝났다. 상하이공항에 도착한 우리는 여권에 발리행 티켓을 끼운 후 이민국 직원을 향하여 힘차게 '트랜스퍼'를 외치고 임시 스템프 비자를 받았다. 공항 밖으로 나와 시내로 가기 위해서는 전철표를 사야 했는데, 아뿔싸! 서울에서 가져온 중국 돈 100위안짜리를 발권기계가 내뱉고 만다. 이것만큼은 우리가 대국인가? 우리 지하철 기계는 오만 원짜리도 한 입에 꿀꺽 삼키시는데 말이다. 멘붕 근처에서 얼쩡대는 우리를 친절모드의 중국 신사 한 분이 자기 돈으로 바꾸어 발권하고 잔돈을 거슬러 주신다. '쎄쎄니'를 단체로 합창하고 우르르 전철에 탑승했는데 나중에 알고 보니 수수료를 자동으로 계산하신 역시 왕서방님! 일행의 표정은 모두 밝아 보인다. 일상을 벗어나 단지 외국에 와 있다는 사실만으로도 심장은 가벼이 요동치며 전신에 붉고 뜨거운 피를 퍼나르고 있는 게 분명하다. 상하이에서의 기점은 남경동로, 푸동공항 역에서 출발하면서 중간에 전철을 승차장 반대편으로 갈아타야 하는데 잠시 깜빡하는 사이 중국인들 몇 분이 손가락질과 함께 소리를 질러댄다. 아! 원래 인류의 조상은 한 분이었어! 끈끈한 인류애에 감사할 틈도 없이 우린 전철 문이 닫히기 전에 반대편 전철로 갈아타는 데 성공했다.

1월, 좀 쌀쌀한 상하이 거리가 우리 일행을 맞는다. 오전시간이어서 거리는 한산하고 상점은 손님 맞을 준비에 여념이 없다. 상하이에서는 올해 신년행사 때 다섯 명이나 인파에 깔려 죽었다는 와이탄, 중국식 정원의 진수를 보여주는 예원과 근처 청나라 때 형성되었다는 고가길에서 주로 시간을 보내고 다시 공항으로 돌아왔다. 발리 여행기이므로 상하이에서의 기억은 이쯤에서 과감하게 가위질 싹뚝!

어두운 상하이 하늘을 예정보다 두 시간이나 늦게 박차고 오른 비행기는 적도를 넘어 인도네시아 발리로 향한다. 다섯 시간 반 동안의 비행 동안 외출 첫날밤 잠을 잘 자두라고 일행에게 말했으나 별로 귀 기울여 듣는 이가 없다. 중국이 모든 분야에서 점차 세련되어가고 있다는 사실은 굳이 말하지 않아도 아는 사실이지만 비행기 딜레이만큼은 쉬 해소하기 어려운 모양이다. 몇 년 전에 예정보다 하루 뒤에 이륙한 일이 있었는데 이런 일이 이번 여행에서 벌어지면 절대 안 된다. 왜냐하면 덴파샤 공항에 도착한 후 바로 족자카르타로 가는 에어아시아 비행기로 갈아타야 하기 때문이다. 예정상 도착과 출발 텀이 세 시간이었는데 상하이공항에서 출발도 하기 전에 두 시간이나 낭비해 버렸으니, 불과 한 시간 안에 짐을 찾고 국내선 발권하고 탑승까지 마쳐야 하는데 과연 차질 없이 진행될 수 있을지 걱정이 밀려온다. 이를 아는지 모르는지 다른 일행들은 가벼운 농담을 주고받으며 발리행 비행을 즐기고 있다. 에어아시아는 저가항공으로 환불이나 교체 비행이 잘 되지 않아 예약한 비행기를 놓치면 여행 전체 그림이 엉키고 말 것이 분명하다. 인도네시아 국내선은 가루다항공을 타라는 여행사 매니저의 말을 거부하고 왕복 단돈 20불 저렴한 에어아시아를 선택한 것은 단지 그 항공사를 한번 경험해보자는 좀 어처구니없는 생각이었는데 다른 일행들이 나중에 이 사실을 알면 무어라 할까?

좀 늦은 시간이지만 기내식을 먹으며 늘 그랬듯이 비어를 찾았다. 중국 비행기의 최대 장점 중 하나는 칭다오맥주가 서비스된다는 사실이다. 캔 속을 핥아 먹을 자세로 한 방울도 남김없이 맛있게 마신 후 나도 모르게 점차 잠에 빠져 들었다. 나중에 안 사실이지만 일행 중 한 명은 좀처럼 잠에 들지 못했는데 적도를 넘어 자바 해를 건널 때 비행기가 아주 심하게 요동쳤다고 한다. 불과 얼마 전에 이 바다 위에서 에어아시아기가 싱가포르를 향해 가던 중 악천후가 원인이라고 알려진 추락사고가 있었기 때문에 무척 당황했을 것 같다. 그러나 돌아올 때는 가벼운 슬라이딩 정도로 자바 해 상공 공기는 얌전해져 있었다. 아무튼 비행기를 탈 때는 맥주나 와인 또는 위스키를 요구해서 마시고 잠든 채로 이동하는 편이 가장 현명한 방법인 것만은 분명하다.

랜딩은 부드럽다. 하지만 지금부터 뛰어야 한다. 나를 기다리지만 결코 출발시간을 지나서까지 기다려줄 것 같지 않은 국내선 비행기를 타기 위해서 여행가방 바퀴가 비명을 지를 정도로 내달렸다. 새로 지은 공항은 국제선으로 사용하고 예전의 청사는 국내선으로 이용하는 모양이다. 발리의 공기를 느껴볼 겨를도 없이 안내 표지판을 따라 구불구불하고 경사 있는 길을 한참이나 지나 겨우 도착했다. 항공권을 받아 게이트로 이동하는데 중간에서 길을 막고 있는 산적 같은 무리들이 보인다. 난데없이 공항세를 내란다. 보통 보딩패스를 받기 전에 공항세를 빼앗아 가는데 발리는 무슨 이유에선지 하나뿐인 통로를 떡하니 막고선 돈을 받은 후 항공권에 도장 하나 찍어준다. 스탬프 하나 값이 무려 7만 루피아라니! 이런 '도둑들'이란 말이 목젖을 비집고 나오려는 것을 자비심으로 겨우 억누르고 헐레벌떡 비행기 안으로 거의 뛰어들다시피 했다. 그런 나를 빨간 옷을 입은 스튜어디스가 인도네시아식의 인사인 듯한 합장을 하고 웃으며 맞는다.

순간 아름다운 아침이라는 것을 깨닫는다. 나는 여행을 떠나왔고 지금 여기는 발리이며 비록 중국 비행기의 연착으로 느긋한 새벽은 사라졌지만 밝은 새 세상이 시작되려고 하는 것이다. 약간 축축한 공기지만 지금 한겨울인 서울에서는 결코 맛볼 수 없는 따뜻함이 온몸의 세포 하나하나에 전달되고 있으며 순간 내 뇌에는 흐뭇한 호르몬 1,000㏄가 퍼져 나가고 있다. 그러나 자리에 앉자 나의 길지 않은 다리의 무릎이 앞좌석 등받이에 닿으려 한다는 사실을 깨닫는 순간, 저가항공을 선택한 나의 미련한 판단에 후회가 밀려오고 행복 호르몬은 연기처럼 사라져 버렸다.

족자카르타에 도착하여 비행기를 배경으로 인증샷을 찍은 후 페북에 올리자마자 반응이 도착한다. 흔히 여행 중이라고 자랑삼아 SNS에 올리면 축하해주고 재미있는 여행하라고 주문을 걸어주는데, 위험한 비행기를 왜 탔느냐고 걱정 일색이다. 나의 안전을 이렇게 걱정해주는 친구가 있다는 것만으로도 다시금 내 뇌에는 기분 좋은 호르몬이 용솟음치기 시작한다.

친구들의 걱정과는 달리 무사히 착륙한 족자카르타 공항은 시차 때문에 이제야 아침 기지개를 켜고 있었다. 비가 살짝 뿌렸는지 습하고 더운 공기가 이곳이 남반구임을 다시금 일깨워준다. 하지만 지금은 아침 여섯 시 반, 우선 무엇으로라도 허기진 배를 채워야 한다. 출구를 빠져나와 공항 건물 1층에 자리한 카페 비슷한 곳에 자리를 잡고 음식에 관한 한 영어가 유창한 두 사람을 급히 주문하는 곳으로 투입한 후에야 이름 모를 바게트와 커피 한 잔을 손에 쥘 수 있었다. 그러고 보니 어제 아침 일찍 인천 공항을 출발하여 상하이를 거치긴 했지만 거의 하루가 지나서야 비행 목적지에 도착한 것이다. 커피를 한 모금 깊게 들이마시자 온몸과 정신이 여행모드로 자리 잡으면서 지나간 하루를 잊고 새 여행지에 충실하라고 충고해준다.

여기는 처음 와본 새로운 곳 '족자카르타'이다. 우리는 시내로 들어가기 위해 트랜스족자 1A에 올라탔다. 족자카르타는 트랜스 족자라는 시내버스가 잘 발달되어 있어서 배낭여행자들에게 무척 큰 도움이 된다. 길가에 정류장 시설이 설치되어 있는데 4,000루피아를 지불하고 게이트를 통과한 후 자그마한 대합실에서 기다리다가 원하는 노선의 버스가 오면 탑승하면 된다. 족자카르타 지도를 들고 원하는 곳을 손가락으로 찍으니 정류장에서 근무하는 매우 친절한 분들이 달려들어 전혀 알아들을 수 없는 말로 자세히 알려주고 해당 버스가 도착하자 손가락까지 아끼지 않는다. 손가락과 미소로 통하는 아름다운 세상이여! 나의 족자카르타 여행은 이렇게 시작되었다. 잠에서 깨어난 우리는 남의 나라 버스를 통째로 빌린 듯 웃음소리를 섞으며 이야기를 이어갔다. 이야기 내용이야 어디에서 내려야 좋을까 하는 문제부터 호텔 체크인 그리고 오늘 주로 무엇을 하며 지낼 것인가, 또 인도네시아의 첫인상에 관한 것들인데 버스에 타고 있던 다른 승객들에게는 좀 수다스런 아침 버스가 되었을 것 같다. 단체로 여행을 다니면 왜 그렇게 소란스러워지는지 모르겠다. 하지만 필시 출근길일 듯한 인도네시아 사람들은 그런 우릴 재미있는 표정으로 바라만 볼 뿐 싫은 내색은 두툼한 뱃속에 숨기고 있다. 모두가 순해보이고 착함이 묻어나는 인상이다. 이들은 알까? 우리가 진상 종주국에서 왔다는 것을! 어디 진상뿐이던가, 불법이든 아니면 합법을 가장했든 사기꾼들이 전성시대를 구가하는 나라에서 온 것을 말이다. 그중 이십대로 보이는 한 여자가 매우 관심 있게 우리 일행을 쳐다보는데 아직 인도네시아 사람들과 말문을 열 준비가 덜 되어 아무 말도 못 섞고 서로 미소 띤 눈빛만 주고받았다. 하지만 인도네시아인들이 외국인들에게 엄청난 관심을 갖고 거리낌 없이 말을 주고받는다는 것을 깨닫는 데 그다지 많은 시간이 필요하지 않았다.

예약한 호텔에 도착하여 바우처를 내밀었다. 아직 호텔 규정에 있는 체크인 시간이 되지 않아 지금 당장 방문을 열 수 있는 키를 받으려면 어마어마한 돈을 지불하라고 요구한다. 어쩜 저렇게 예쁜 입술 사이에서 아무런 고민 없이 객실당 40불이란 소리가 튀어나올 수 있단 말인가? 우리도 아무런 고민 없이 짐을 호텔에 맡기고 옷만 현지 기온에 맞게 바꾸어 입고 간단한 배낭만 챙긴 후 아기 새가 처녀 비행하는 마음으로 거리를 향해 나섰다.

좀 이른 아침시간인데도 족자카르타 사람들은 오토바이의 시동을 힘차게 걸고 있었다. 의욕적으로 열심히 세상을 살아가는 모습은 역시 보기도 좋고 희망이 느껴진다. 선조가 물려준 위대한 유적을 파먹는 데 골몰한 나머지 국가 채무불이행이란 엄청난 불행을 목전에 둔 그리스인들이 떠오른다. 그들도 족자카르타 사람들처럼 부지런히 일하는 덕목을 잃지 않았다면 청년 실업률 60%라는 상상할 수 없는 사태를 맞지 않았을 텐데…. 이런 생각을 하니 조용한 거리를 지나가는 오토바이의 소음이 전혀 귀에 거슬리지 않을 뿐만 아니라 헬멧을 쓴 그들의 얼굴이 멋있게 느껴진다. 말리오보로 거리를 향해 걷던 중 나무판으로 담을 만든 유치원이 있는데 아침 일찍 유치원에 나온 아이들이 벌써 놀이터에서 놀고 있는 모습이 보인다. 아이들의 눈망울이 란 말로는 어떻게 표현할 수 없는 깊은 매력이 있다. 다만 내가 들고 있는 카메라가 무슨 흉기로 보이는지 웃음 없이 정색하며 잔뜩 경계하고 있는 표정이다. '얘들아, 이해해. 너희들이 옳아!' 여기에서도 모르는 사람들이 말을 걸거나 주시하면 경계하라고 교육받았겠지! 초콜릿이나 과자 등 아이들에게 건네줄 만한 아무런 것도 내 주머니에 없다는 사실을 깨닫고 손을 흔들어주며 발걸음을 옮겼다.

뚜구 역 주변에 이르자 말리오보로 거리가 나타났다. 거리는 좁고 짧아 보이지만 여행자들이 많이 찾는 명소답게 길 양편으로 이런저런 가게들이 늘어서 있고, 간단한 요기를 할 수 있는 길거리 음식 등이 있다. 길가 공터에는 자전거나 오토바이가 거의 방치되다시피 쌓여 있는 것이 보인다. 내 눈을 실은 머리는 좌우로 연신 움직이며 새로운 정보를 바삐 담기 시작한다. 한 20~30분쯤 걸었을까? 자기를 인도네시아 학교 선생님이라고 소개한 중년의 여자가 자기가 맡고 있는 학생들과 같이 사진을 찍을 수 있겠느냐고 말을 건네 온다. '그런 걸 뭘 물으세요?'라는 표정으로 우리 일행의 얼굴은 이미 미소가 가득 차올랐고 우리는 정다운 포즈를 취하며 몇 장의 사진을 찍었다. 여기 오기 전 사전 정보 중에 인도네시아 학생들이 외국인과 사진을 찍는 과제가 있는 것 같다는 글을 읽었다. 내가 보기에는 단지 과제가 아니라 외국인과 같이 찍은 사진을 많이 남겨야 다음 세상에서 왕족으로 태어나거나 아니면 하늘나라에서 궁중에 취직할 수 있다는 식의 신앙과도 같은 이유가 있을 것으로 믿어 의심치 않는다. 그렇지 않고서야 이렇게 열광적으로 '외국인과 사진 찍기'에 몰입하는 다른 이유를 찾을 수 없다. 중간에서 열대과일 주스를 한 잔씩 마시고 발걸음을 재촉하여 왕궁으로 향했다. 어쨌든 이 고을 최고 어르신께 와서 잘 놀다 가겠다는 문안 인사는 드리고 여행을 시작하는 것이 예의가 아니겠는가.

동남아 특유의 혼잡함을 뚫고 보니 왕궁이라 하기에는 규모가 작아 보인다. 입구를 지나 처음 나타난 건물로 발을 옮기니 자바 섬의 고유 음악인 듯한 곡이 연주되고 있었다. 다른 사람들처럼 앞에 놓인 의자에 앉아 '우리의 아리랑 같은 곡이겠지.' 하면서 듣고 있는데 도무지 연주가 끝날 기미가 보이지 않는다. 피로해진 다리가 약간 긴장을 늦춘 것 같아 다시 일어나 왕궁 내부를 둘러보기 시작했다. 역사드라마에서 보았듯이 왕궁 하면 떠오르는 것은 권력을 둘러싸고 끊임없이 벌어지는 암투와 투쟁, 음모와 배신 등인데 이곳도 사람 사는 세상이니 어김없이 그러한 일들이 벌어졌을 것이 아닌가? 그러나 사활을 건 싸움을 지켜보았을 왕궁은 아무런 내색도 않고 우두커니 구경꾼들에게 안방을 내어주고 나무 몇 그루에만 의지하고 있다. 히잡을 쓴 여학생 무리 수십 명이 재잘거리며 지나간다. 화장을 전혀 하지 않은 여학생들은 히잡 색깔로 개성을 연출하고 있는 것으로 보이는데 히잡마저 같은 색이면 도무지 분간하기 어려울 것만 같다. 금방 본 듯한 여학생이 어느새 내 곁을 또 지나가고… 아무

튼 어린아이나 학생들을 바라보는 것은 아름다운 꽃을 보는 것
보다 훨씬 즐거운 일임에 틀림없다.

아침식사를 공항에서 자그마한 빵으로 대충 때운 우리는 점
심 생각이 몹시 간절해졌다. 당분이 부족하면 신경질 지수가 폭
발하는 나는 왕궁과의 짧은 만남을 뒤로 하고, 걸어왔던 길을
족히 두 배나 빠른 LTE 속도로 다시 말리오보로 거리를 향해
진격했다. 여행자 사이에서 인도네시아 대표음식인 '나시꼬랭'을
맛있게 하는 집이라고 알려진 '이부우리'라는 식당에는 이미 많
은 사람들이 점심을 즐기고 있었다. 우리 일행을 미소로 환영해
준 여주인은 좁은 구석이지만 열 명이 앉을 수 있는 자리를 잡
아주고 메뉴판을 던져 놓은 채 냉큼 사라진다. 아마 우리 같은
외국인은 음식을 고르는 데 엄청난 시간이 필요한 것을 경험으
로 이미 잘 알고 있는 것이 분명하다. 그러나 우리는 단지 나시
꼬랭을 좀 맵게 해달라고 할지 아니면 거의 안 맵게 먹을 것인지
를 두고 잠시 토론을 벌였을 뿐 이미 나시꼬랭의 모습을 머릿속
으로 그리면서 왔기 때문에 신속정확하게 오더를 발사했다. 나
는 주문과 동시에 '빈탕!'을 외쳤다. 외국에서 마시는 맥주란 단
지 시원함을 넘어 여행의 기분이 잔뜩 담겨 있다고 믿는 나는
거의 모든 식사에 맥주를 포함시켜야 직성이 풀린다. 사실 빈탕
이란 맥주는 그다지 높은 점수를 주기엔 부적합한 게 사실이다.
더구나 이슬람 국가라서 그런지 값은 현지 물가의 세 배는 족히
넘을 것으로 보인다. 맛에 비하여 값이 비싸면 정 떨어지는 게
상식이지만 지금은 본능 깊은 곳에서 맥주를 부르는데 거절할

명분이 단 1%도 없다. 차디찬 맥주를 원했는데 냉장고 문 앞에 있다가 잡혀 나온 듯한 맥주를 가져다준다. 하지만 다른 선택이 없으니 이 정도면 시원하다고 뇌에 압력을 가한 후 단숨에 잔을 비워버렸다.

맛있게 점심을 해결한 우리는 뜨거운 태양을 피해 호텔로 돌아가서 여독을 조금이라도 푼 후 에너지를 충전해서 다시 나오기로 작정하고 족자카르타의 사설 교통수단인 씨클로(자전거를 개조한 것으로 자전거 앞부분에 손님이 타고 주인은 뒤에 올라타 바퀴를 구르는 운송수단. 베트남에서는 씨클로라고 하는데 여기에서는 무엇이라고 하는지 기억이 잘 나지 않는다.)를 나누어 탔다. 씨클로 주인은 우리가 알지 못하는 골목과 큰길을 가로질러 호텔에 내려다 줬는데 약간 오르막길은 내려서 밀고 가야 하는 수고로움도 아끼지 않았다.

전 세계 어디에나 있는 노보텔은 적당한 수준이 유지되는 듯 실내는 깨끗하고 향기로우며 직원들은 예의 경쟁이라도 하는지 조금이라도 손님과 눈이 마주칠 것 같으면 손님 눈이 다른 곳을 볼 때까지 눈인사를 나누고 또 웃어주기까지 한다. 역시 친절과 미소는 사람의 마음을 녹여버리는 용광로임에 틀림없다. 무기로 간직해야지!

오후와 저녁 사이의 목표는 족자카르타의 신비스럽고도 노을이 예쁘다고 알려진 쁘람바난 힌두교 사원이다. 호텔을 출발하기 전에 프런트에서 대중교통에 대한 정보를 캐내려고 했으나 돌아오는 대답이 시원치가 않다. 이럴 때는 돈을 써야 한다. 호텔 주변에서 늘어진 채 손님을 기다리는 택시에게 다가가 흥정을 걸었다. 오늘은 여행 첫날! 지갑의 두께가 마음의 자비로 다가온다. 정말 조금만 깎고 택시에 올라탔다. 50분쯤 걸린다고 알고 흥정에 돌입했었는데 택시는 30분 정도 달리자 힌두 사원 정수리가 보이는 곳에 다다랐다. 택시비를 반쯤 깎았어야 했나?

같은 힌두교 사원으로 그 유명한 앙코르 와트에 비하면 규모가 주는 영감이나 조각 등의 볼거리는 한 귀퉁이밖에 되지 않지만 신앙의 크기는 결단코 작지 않을 것이다. 앙코르 와트의 동그랗고 뾰족한 부분만 떼어내 건축한 것 같은 모습으로 회랑 같은 것은 아예 없다. 7~8세기경에 만들었다고 하니 이 부근에서는 힌두교 사원의 초기 모델일 것 같고, 앙코르 와트는 그 후 400년 후쯤 만들었다고 알려져 있는 것을 보면 어쩌면 자야바르만 7세가 여기에 기술자를 보내 초기 설계를 했을지도 모르겠다. 입구에 들어서니 또 히잡을 쓴 이번에는 대학생쯤으로 보이는 여행객들이 보인다. 이젠 우리도 익숙해졌다. 누가 먼저랄 것도 없이 카메라와 스마트폰을 들이대며 두 손을 합장한 채로 다리 하나를 들어 안쪽으로 구부린—이런 자세가 무엇을 의미하는지 모르겠지만 따라하는 것만으로도 재미있다—모습으로 같이 사진을 찍고는 서로의 아는 단어를 나누어 말하고 미소를 주고받았다. 아프리카를 출발한 한국인의 조상이 그 옛날, 동남아에 다다르기 전 이곳을 먼저 거쳐 오지 않았을까? 그들의 후손끼리의 만남이라 무수한 세월과 지리적 거리에도 이렇게 완벽하게 조화를 이룰 수 있는 것이 아닐까?

약한 바람이 부는 사원은 조용하게 우리를 맞아 주었다. 모름

지기 신은 이래야 한다. 그동안 인간을 속박했던 수많은 신들의 역사 속에서 겨우 살아남은 우리가 아닌가? 물론 지금도 신의 소리를 흉내 내며 윽박지르는 사제나 종교단체가 우리를 가끔 힘들게 하지만 말이다. 인간이 찾아왔을 때 마음 곳곳을 펴 주면서 쉬었다 가라고 조용히 웃어주는 신, 그런 신이 모여 계신 곳, 쁘람바난 사원을 걷는다는 것은 행운임에 틀림없다. 마치 신과 동행이라도 하는 듯한 생각이 들자 마음의 고통이 사라지는 느낌을 받는다. 사원 이곳저곳을 다니며 사제가 그랬듯이 경배하는 마음도 가져보고 쉼터 같은 돌턱에 앉아 쉬면서 지나가는 사람들의 얼굴 생김생김과 여행하는 모습을 천천히 음미해본다.

사방 5km에 걸쳐 퍼져있다는 유적은 시바 신전, 비슈누 신전, 브라마 신전과 그들이 타고 다닌다는 가루다(독수리), 난디(소), 한사(백마)가 앞에 대기하고 있는 모습으로 여섯 개의 종탑을 중심으로 하고 있다. 힌두교 주요 3신 중 파괴신으로 알려진 시바 신이 난디를 타고 다녀 힌두교에서 소를 성스럽게 여기는 걸까? 시바 신은 왜 굳이 속도감 있는 가루다나 한사가 아닌 소를 선택했을까? 인류학자들은 농사를 기반으로 하는 그들의 문화가 그 이유라는 빤한 답을 내놓을지 모르지만, 내가 보기에는 비슈누 신과 브라마 신에게 통 큰 양보를 하지 않았나 싶다. 아니면 내기에 졌거나! 저녁 여섯 시가 가까워지자 제복 입은 사람들이 나타났다. 여섯 시 전에 여행객 모두를 몰아내고 차질 없이 퇴근 시간을 지키려는 의지가 매우 드높다.

되돌아오는 길, 택시에 대한 애정이 단박에 식어 버린 우리는 트랜스족자를 사랑하기로 하고 정류장을 찾아 나섰다. 예상보다 정류장은 쁘람바난 주차장에서 꽤 먼 곳에 위치하고 있었는데 몇 번이나 묻고 손가락 끝을 따라 이미 어두워진 길을 지치도록 걸은 다음에야 눈에 익은 모양의 정류장에 도착할 수 있었다. 버스에 승차하며 우리는 작은 논쟁을 벌였다. 저녁밥을 어디에서 무엇으로 해결하면 좋겠느냐는 주제를 두고 너나할 것 없이 토론에 뛰어 들은 우리를 버스 안에 동승한 현지인들이 알아들었다면 어떤 조언을 퍼부었을까? 다시 말리오보로 거리에 가서 찾아보자는 의견에서부터 거기는 점심을 먹었으니 대형 매장에 딸린 푸드코트를 찾아보자는 의견까지, 결국 호텔과 가까운 대형 매장 앞에 내린 우리는 길 건너 한글 간판의 한국 음식 이름을 보고 단박에 만장일치를 만들어냈다. 서울을 떠나온 지 만 이틀도 되지 않았지만 우리는 이름만 한국 음식이라고 명명된 변변치 않은 음식을 마구 입에 넣고 있었다.

하루 여행의 정리는 카메라와 함께 한다. 하루 종일 찍은 사진을 우선 와이파이를 이용해 스마트폰으로 옮겨 담은 후 한 장씩 보면서 되새김질 삼매경. 그러면서 초점이 흐린 사진을 중심으로 하나둘씩 삭제해 나가면서 쓸 만한 사진을 골라 1차 초이스를 마친다. 그런 후 같이 찍은 일행들과 사진을 카톡으로 공유하고 그리고 SNS를 통하여 멀리 있는 친구들에게 약올림 한바가지도 잊지 않는다. 나중에 블로그나 포토북을 만들 때 마음에 드는 적당한 사진을 척척 기억해내야 하기 때문에 찍은 사진을 틈틈이 많이 보아둘 필요가 있다.

여행지 호텔에서 창을 열고 들이마시는 새벽공기는 확실히 느낌이 다르다. 조용하게 밝아오는 대지와 마을을 바라보며 평화로움을 느낀다. 그동안 아침마다 눈 뜨면서 전쟁 준비 같은 시간을 보내왔기 때문에 상대적으로 심전도는 바람 없는 날 호수처럼 잔잔하기만 하다. 호텔 주변의 골목과 집들, 가끔 움직이는 차량과 사람들, 멀리 화산이 보인다. 그리고 우기임에도 밝은 하늘을 열어 주시는 신의 은혜에 감사하며 오늘 하루 종일 그 마음이 변치 않기를 기대해본다.

오늘 여행의 핵심은 불교 사원인 '보로부두르'이다. 비슷한 모음과 자음이 겹쳐 있어서 정확하게 입에 붙이는 일이 쉽지 않은 이름이라 몇 번이나 고쳐 말해야 했다. 일출이 장관이라고 널리 알려져 있어 호텔이나 랜드여행사에서 새벽 일찍 출발하는 일일 투어상품이 있으나 우리는 일출을 상상 속의 그림으로만 그려 넣기로 하고 느긋하게 호텔 조식을 즐긴 후 길을 나섰다. 이제는 우리의 발이 된 트랜스족자를 타고—이렇게 하나하나 익숙해지는 것이 여행에서 매우 즐겁고 흥미로운 일이다—좀버 터미널로 향했다.

트랜스족자의 종점과 완행버스 기점이 겹쳐 있는 좀버 터미널은 전형적인 시골 정류장 모습 그대로이다. 어느 방향 또는 최종 목적지를 적어놓은 팻말이 세 개쯤 있고 그 밑에 낡을 대로 낡은 버스가 문을 열어 놓은 채 손님들을 기다리고 있다. 지나가는 사람들을 향하여 '보로부두르'를 외치니 예쁘장한 인도네시아 아이가 이 버스에 타라고 역시 손가락으로 알려준다.

모두 잠을 푹 자고 나왔는지, 어제의 엄청난 행군이 가져다준 피로는 지난밤에 다 푼 표정으로 이야기를 주고받으며 버스 출발을 기다렸다. 오른쪽 바깥을 보니 필시 운전기사일 것 같은 사람을 포함한 서너 명이 아무렇게나 걸터앉은 채 좀 늦은 아침 식사를 하는 것이 보인다. 여기도 먹고 사는 문제는 팍팍한가 보다. 운전 기술이 있다는 건 희귀성으로 보아 꽤 수입이 괜찮을 것으로 생각되지만 삶의 전선이란 아침밥을 거리 한 모퉁이에서 해결하게도 한다. 느긋하게 기다려주기로 한다. 물론 나의 기다림에 관계없이 정해진 시간에 버스는 출발하겠지만.

어떤 사내가 기타를 들고 올라서더니 알아들을 수 없는 노래를 들어 달라고 불러댄다. 나이를 대략 짐작하니 아르바이트는 아닌 것 같고 이곳을 생활 터전으로 삼아 생활비를 벌고 있다는 것으로 여겨지자 노랫소리가 왠지 무겁게만 들려온다. 일행 중한 명이 팁을 주라는 눈빛으로 500루피아 동전을 내 손에 쥐어준다. 우리나라 돈으로 50원이 채 되지 않는 적은 액수라서 실망하는 눈빛으로 이 돈을 받으면 어떡하나 하고 생각하는데 노래를 마친 그는 콜라 페트병을 반쯤 잘라 만든, 매우 오래되고 때가 더덕더덕 붙은 모금함을 여기저기 내미는데 준비한 동전을 넣어주자마자 다른 손님에게로 가져간다. 500루피아가 이 경우에 흔히 건네지는 동전인가 보다.

아침을 먹고 담배를 한 대 겨우 피웠을 짧은 행복한 시간을 마무리한 운전기사가 올라타고는 우리 일행을 비롯한 버스 안의 손님을 대략 살피더니 시동을 건다. 버스는 한 번 크게 부르르 떨고는 콧구멍에 진한 매연 냄새를 마구 뿌려댄다. 비록 낡았지만 원기왕성하게 살아있다는 아우성처럼 말이다.

버스는 오토바이와 마구 섞여 2차선 도로를 달린다. 문제는 차장—손님한테 버스비를 받고 원하는 곳에 세워주는 역할을 하는 사람—이 출입문을 열어 놓은 채 운행한다는 것이다. 같이 타고 있는 인도네시아 사람들 표정을 보니 이게 무슨 문제냐는 식으로 무표정하다. 오히려 에어컨이 없는 버스에서 열기를 식혀줄 유일한 수단인 것으로 보인다. 정해진 정류장이 없이 아무 데서나 승하차가 이루어지는 시골 완행버스, 사람들이 수시로 오르내리고 그때마다 차장은 꾸겨진 2,000루피아쯤의 돈을 손님에게서 받아서 잘 편 후 차곡차곡 쌓아나간다.

한참을 달리던 버스가 어느 지점에선가 좌회전을 하자 풍경이 달라지며 열대의 높은 야자수와 파란 논, 시원한 가로수길이 펼쳐진다. 근처에 학교가 있는지 교복을 입은 학생들이 올라타서는 쉬지 않고 세상과 삶을 논하고 있다. 성장기 학생들의 수다는 지구 어디에서나 비슷한 모양이다. 자리에 앉아 대화를 묵묵히 듣고 있는 여학생의 오른쪽 어깨에 적혀 있는, 필시 학교 이름일 것 같은 영어로 표기된 글을 띄엄띄엄 읽으니 살짝 보고는 수줍은 미소로 외면하고 만다. 나이 먹고 철없는 이 여행자를 용서해다오!

거의 한 시간쯤 달렸을까? 차장이 바깥을 가리키며 무어라고 하는데, 저기 가까이에 우리 목적지가 있다는 얘기일 것으로 이해하고 웃으며 머리를 힘차게 끄덕였다.

보로부두르 정류장에 도착하니 관광지의 필수 장면, 호객행위가 시끄럽다. 걷지 말고 마차를 타고 가라는 얘기이다. '우린 여행자야. 마차도 타봐야 해!' 가격 흥정을 하고 마차 몇 대에 나누어 올라탄 우리는 의기양양하게 출발했다. 그러나 한참 갈 줄 알았던 마차는 모퉁이를 돌아서자 다 왔다고 내리라고 한다. '이게 뭐람, 초행이라 또 당했구나!' 하고 생각하는 내 눈에 버스에 같이 탔던 스페인 청년이 뚜벅뚜벅 저 앞에서 매표소를 향해 걸어가고 있는 모습이 보인다. 순간 허탈한 웃음이 배어 나오는 것을 참을 수 없었다.

매표소 안에서 입장 티켓을 사던 우리 일행의 총무가 돈 계산이 더디다. 무언가 매표원하고 무수히 많은 대화를 주고받는데, 무슨 일일까? 이야기는 대충 이렇다. 인도네시아는 입장료를 내국인과 외국인을 구분하여 받아 내는데 통상 외국인에게는 두 배 이상 더 비싼 신경질 나는 정책을 쓴다. 그런데 그 가격이 이들 물가에 비추어 터무니없이 비싸다는 것! 어쩌면 웬만한 사람 한 달 정도의 수입을 외국인 관광객 한 명에게서 뜯어내고 있을지도 모를 일이다. 전대를 메고 사리분별이 뛰어난 우리 총무는 우리가 열 명이나 되므로 단체 요금으로 해 달라고 졸랐을 것이다. 매표원은 손사래를 쳤을 테고, 만만치 않은 입장료에 난감한 표정을 지으며 어제 쁘람바난에서의 입장료 이야기를 꺼낸 것으로 보인다. 그러자 매표원은 두 곳을 모두 방문할 경우 한 번에 티켓팅하면 한 사람당 무려 10만 루피아쯤 아낄 수 있다는 말을 들려주었다. 이에 동공이 있는 대로 커진 우리 총무는 어제 다녀왔으니 그 가격에 해달라고 재차 조른 모양이다. 그러나 손사래가 특기인 매표원은 '택도 없는 소리'는 하지 말라는 투로 엉뚱한 곳을 바라본다. 그러나 여기에서도 족자카르타의 명소 두 곳을 방문할 수 있는 티켓은 가격이 얼마라고 적힌 표지판은 저 못생기고 뚱뚱한 매표원이 깔고 앉아있는 게 분명하다.

갑자기 인도네시아가 답답해진다. 사람들은 무척 착하고 순수하고 표정이 밝으며 친근하게 다가오는데 입장료 문제에서 만큼은 모든 꼼수를 동원해서 여행객의 호주머니에서 단 1달라라도 더 뜯어내고야 말겠다는 의지가 분명하니 말이다. 결국 총무의 숱한 쨉 공격은 실패로 돌아가고 우린 가진 돈을 뭉텅이로 덜어주어야만 했다. 그렇게 쩐의 전쟁을 치르고 안으로 입장하니 우리를 위로하려는지 정말 상쾌하고 달콤한 공기가 갑자기 폐부 가득히 뿌려댄다. 돈과의 전쟁으로 멀었던 눈이 갑자기 밝아져 세상이 아름답고 더할 나위 없이 환하게 빛나는 신천지를 발견했다.

전 세계에 널리 알려진 관광지인 만큼 사람들의 발길이 이어지지만, 일출 시간이 아니어서 그런지 혼잡하지 않아 오히려 지금 도착하도록 오랜만에 올바른 판단을 한 내 뇌가 자랑스럽게 여겨진다. 사원까지 가는 길은 유럽 정원처럼 예쁘고 다양한 꽃들로 잘 가꾸어져 있다. 네덜란드에게 300년이나 식민지 지배를 당했다고 하니 유럽식 정원이 우연은 아닐 것이다. 계단을 오르다가 뒤를 보니 정원이 한눈에 근사하게 들어온다. 저 멀리에 우뚝 솟아있는 커다란 산은 하얀 구름이 길을 내고 있고 신은 멀리서 찾아온 우리를 환영하는 듯 따뜻한 날씨와 시원한 바람을 선사하는 데 전혀 인색하지 않다. 머리를 조아리고 모든 신께 감사하고 싶은 생각이 절로 든다.

약간의 광각기능만 있는 내 카메라로는 사원의 전체 모습을 도저히 담아낼 수가 없다. 무수한 세월을 검은 외투처럼 입고 있는 사원은 사방에 오르는 길과 문이 있고 층층은 각기 회랑을 갖고 있으며 부처님이 곳곳에서 인간 삶을 굽어 살피시고 계신다. 그중 대부분은 16세기 이 땅에 이슬람이 들어오며 잘려나간 채 목이나 팔도 없이 숱한 세월을 보냈다. 부처님이 자비롭다는 말을 조금은 이해할 것 같다. 그런데 왜 매표소에서는 그 자비로움이 털끝만치도 없을까? '아, 난 물질에 얽매여 결코 해탈은 못 하겠구나! 쩝!'

회랑에는 화려하진 않지만 부처님과 그 제자들, 이곳 사람들의 삶을 표현한 부조가 끊임없이 묘사되어 있다. 하나하나 살피며 돌다가 오르는 문이 나타나면 한 칸 올라 다시 회랑을 돌고… 최고 꼭대기 스투파(탑)에 오르기까지 거의 한 시간 반 넘게 보낸 것 같다. 스투파를 중심으로 여러 나라에서 도착한 여행객들이 마음을 쌓아 올리며 탑돌이를 하거나 돌 위에 걸터앉아 세상살이 시름을 달래면서 각자의 방식으로 즐기고 있다. 사방 전경은 시원하게 펼쳐져 있고 멀리 있는 열대의 풍경이 눈 가까이 다가온다. 사원도 각종 사물도 심지어 모든 사람도 아름다워지는 시간! 그 가운데 당당하게 서 있다는 생각에 '초월'이라는 단어가 떠오른다. 부처님 말씀처럼 인연과 욕심을 끊고 마음의 평화를 얻어 자유롭게 살 수 있을까? '넌 어림없는 말이야!' 하고 자답하니 입 안에서 쓸개가 터진 것만 같다.

사원에서 환속하자마자 예수님도 막지 못한 장사꾼들의 경연 한마당이 펼쳐져 있다. 상인들은 입장료를 지불하고 받은 사원에서 걸쳤던 천으로 된 살롱을 달라고 요구했다. 이것이 그 무지막지한 입장료에 포함된 것을 모를 리 없는 그들이 이것을 모아 재활용할 것이라는 생각이 들어 못 들은 체 꿋꿋하게 내려와 버렸다. 조금 전의 아름다울 뻔했던 마음은 안개처럼 사라지고 외국에서도 빛나는 뒤끝 작렬이라니!

우리를 맛있는 먹잇감으로 알고 있는 마차를 본체만체하며 콧대를 세우고 길을 걷던 우리는 마을의 적당한 식당을 찾아내는 데 성공했다. 맥주의 원료인 호프를 빗물에 담갔다가 단지 R-OH로 간을 맞추었음이 분명한 빈탕부터 찾았다. 고국에서 자주 익힌 싸구려 맥주 맛 덕분에 우리는 빈탕마저 맛있게 마실 수 있었다. 속는 이가 거의 없는데 왜 한국의 맥주회사들은 가끔 매스컴을 동원해서 한국 맥주 맛이 좋다고 소문을 퍼트리는지 모르겠다.

얼마쯤 아니 한참 동안이나 주방을 노려본 후에야 바나나잎으로 치장한 접시에 담긴 나시꼬랭을 맛볼 수 있는 시간이 찾아왔다. 난 약간 매운 것을 주문했는데 한 수저 맛본 내 혀는 주방을 향해 엄지손가락을 치켜세우게 한다. 갑자기 들이닥쳐 나시꼬랭 10인분을 마련하느라 진땀을 뺀 주인은 보람찬 미소로 우리를 향해 하얀 이를 보여주었다.

분명하게 갈 곳을 정하지 않고 버스를 탄 터라 우리는 다음 행선지를 놓고 약간의 입씨름을 시작했다. 원래 예정은 어제 잠깐 스쳐 지나갔던 말리오보로 거리에서 여행자의 들뜬 기분을 만족시키는 것이었는데, 트랜스족자 노선을 살펴보니 이 버스가 새로 생겼다는 여행자의 거리까지 간다는 사실을 알고 목적지를 급수정했다. 왕궁을 돌아 '쁘라위로따만' 근처에서 내린 후 지도를 펼쳐 놓고 여행자의 거리를 찾아 20분쯤 걸었을까? 버스를 타고 있는 거의 모든 여학생들이 손을 흔들어주며 지나간다. 아마 학교에서 수학여행으로 이곳 족자카르타로 온 모양이다. 입구에 다다르니 크고 화려하진 않지만 조용한 여행자의 거리가 우리를 환영해주었다. 길에 들어서니 어둑어둑해진 거리를 밝히려는 듯 간판의 불빛이 켜지기 시작하고 페로몬을 품은 건물 조명이 지나가는 우리를 향해 걸음을 멈추라고 명하고 있다.

　환전소에서 100불짜리 다섯 장을 건네주고 월급봉투 다섯 개를 받아 든 우리는 지친 몸이지만 우선 여행자 거리 끝까지 가본 후 몇 번의 발걸음 끝에 K-밀이라는 곳에 정착할 수 있었다. 제법 현대화된 시설과 연주 무대, 빈탕이라는 선명하지만 맛없는 글자, 먼저 와서 술잔을 기울이는 몇 명의 사람들, 그리고 음식을 주문 받고 날라다 주는 아가씨들이 보인다. 무대 가까이 자리를 잡은 우리는 먼저 화장실로 달려가 간이 개수대에서 손과 얼굴에 묻은 먼지를 털어냈다. 그리고는 바로 음식과 빈탕 주문에 열을 올렸다. 한국 사람들 음식 욕구는 세상 어떤 민족과 비교해도 월등하게 높을 것으로 생각된다. 우리는 각자 최소한

1,500㏄ 이상의 맥주와 한 접시 이상의 안주를 해치웠다. 서양인에 비해 체구도 작은데 그 많은 음식이 다 어디로 들어가는 걸까? 과거 충분하게 영양을 섭취하지 못해서 기회만 있으면 포식하는 DNA가 시도 때도 없이 제 역할을 하는 모양이다. 채식을 오래 한 민족들은 소장 길이가 육식을 하는 사람들보다 무척이나 길다고 하는데 그 길다란 소장 덕분일까? 몇 m나 된다는 소장과 대장에 음식과 맥주로 가득 채우고 나서야 우리는 배시시 피어나는 만족감을 미소로 표현했다.

오후 여덟 시에 이곳 무대에서 밴드 공연이 예정되어 있다는 게시판 글씨와는 달리 시간이 지났는데도 잠잠하기만 하다. '언젠가는 하겠지!' 하는 기다림은 10분을 채 못 넘기고 우리는 왜 시작하지 않느냐는 볼멘소리를 쏟아내기 시작했다. 성질 급한 한국 사람이 손님으로 오면 서둘러야 하는데 이 펍은 아직 국제화가 덜 되었다고 말도 되지 않는 소리를 하면서 말이다. 그러고도 좀 더 지난 후에야 음 조율이 이어지고 드디어 라이브 뮤직이 시작되었다.

젊음과 여행, 낭만과 추억, 술과 노래, 만남과 이야기꽃으로 K-밀은 열기가 서서히 퍼져나가고 우리들은 모두 여행이 주는 특별한 기분에 빠져들었다. 우리뿐만 아니라 다른 여러 나라에서 도착한 여행객들로 펍 안은 서서히 혼잡해져 가고, 덩달아 서빙하는 아가씨들은 쉴 새 없이 술과 안주를 나르느라 팔뚝을 힘차게 사용해야 했다. 비트가 강해지고 싱어의 목 핏줄이 터질 지경이 되자 드디어 우리는 음악으로 하나가 되어 머리나 손바닥으로 장단을 맞추는가 하면 하얀 드레스를 입은 어떤 여자는 손으로 턱을 괸 채 미동도 하지 않고 바라보고 있었다. 밴드 앞 우두커니 서 있는 마이크를 잡고 로커처럼 흉내 내던 일, 그러자 뒤에 있던 진짜 로커가 내 목을 안아주며 같이 노래 불러주던 일은 감추기로 하자. 내일은 이곳 족자카르타를 떠나 덴파샤르로 가야 한다. 여행이 끝나지 않았지만 떠나야 하기에 떠나기 싫어지는 기분에 휩싸여 남반구 밤하늘을 쳐다본다. 구름 속에 갇혀 있다 방금 나왔는지 마치 새색시가 샤워하고 나온 듯한 모습으로 별들이 잔뜩 젖어 있다.

여행 중 다른 도시로 이동하는 날은 아무래도 정신이 사납다. 호텔 조식 후 커피 한 잔으로 마음을 애써 가라앉히고 공항으로 향했다. 오늘은 일요일이라 그런지 공항에는 마치 5일장 장날인 듯 사람들은 각자 한 방향만 보며 고래고래 소리 지르며 거의 뛰어가다시피 한다. 여유 있게 공항에 도착했지만 덩달아 우리 마음도 바빠진다. 발권 데스크에 줄지어 섰는데 공항 직원 아니면 항공사 직원인 듯한 어느 남자가 내가 가지고 있던 예약증을 갖고 가더니 조금 후에 항공권을 손에 쥐어 주곤 바로 사라진다. 처음 겪는 시스템에 어리둥절한 사이 데스크에서는 받은 항공권과 여권을 달란다. 줄 밖에 있는 일행의 가방을 줄줄이 부치고 돌아서면서 아까부터 내 뒤에서 무언의 불편한 레이저를 마구 쏘아댔을 무표정한 중년의 호주 여자를 바라보았다. 내 뒤에 줄서는 바람에 다른 데스크보다 수속 시간이 몇 배나 길어졌을 그녀에게 합장하며 '아임 쏘리!'를 외치니 밝은 미소로 표정을 후다닥 바꾸고는 괜찮다고 한다. 여행을 잘하라고 덧붙이니 행운을 빈단다.

하늘에서 바라보는 발리의 모습은 구불구불한 해안선이 무척이나 아름답다. 햇빛이 얼마나 투명하고 밝은지 저 아래 파도가 일렁이는 바다에서 서핑하고 있는 여자의 봉긋하고 그을린 가슴이 아름하게 보일 정도이다. 다시 돌아온 덴파샤 공항 밖으로 나오니 내 이름을 가슴에 안고 있는 기사 겸 가이드가 기다리고 있다. 이곳 발리는 족자카르타와는 달리 대중교통이 발달하지 않아 4인승 SUV 차량 세 대를 예약했다. 오늘부터 2박 3일은 이곳 발리에서 우붓을 중심으로 여행을 즐길 생각이다. 풀빌라와 경치 좋은 해안 리조트가 발달한 곳이라지만, 다행인지 불행인지 연인끼리 오지 못했으니 풀빌라는 창고에 처박아 버리고 해변가 리조트도 그다지 땡기지 않아 '술리 리조트'라는 한국에서는 논뷰로 제법 알려진 곳에 숙소를 잡았다. 오늘은 덴파샤에서 우붓에 있는 숙소로 이동하며 관광객이면 자주 찾을 듯한 몇 군데를 돌아볼 생각이다. 일행의 얼굴을 보니 족자카르타에 처음 도착했을 때보다 흥미가 많이 줄어든 표정이다. 피곤하기도 하겠지!

본섬이라고 할 수 있는 자바 섬과 휴양지 대명사인 발리 섬은 같은 나라라고는 하지만 사뭇 다르다. 종교와 풍습이 다른데 한 국가로 묶여 있다는 것이 신기할 정도이다. 점심을 먹을 겸 현지인들이 많이 찾는다는 사누르 비치에 오니 개 몇 마리가 주둥이를 땅에 박으며 몰려다니는 게 보인다. 그리고 보니 자바 섬에 머무는 며칠 동안 개나 고양이를 보지 못했다는 사실이 떠올랐다. 무엇보다 자바 섬은 이슬람이 패권을 잡고 있는 데 비해 힌두교는 자바 섬에서 이곳 발리 섬으로 쫓겨나 명맥을 유지하고 있다. 그러나 족자카르타에서 이슬람의 상징인 사원과 종소리, 사람들의 경배 등을 보지 못했는데 오히려 발리 섬에서는 힌두 신을 섬기는 각종 의식이 제대로 이루어지고 있는 모습이 대비된다. 힌두교인들은 수시로 그 수많은 신들께 공양을 드리고 있으며 꽃과 먹을 것 등을 담은 소박한 접시를 대문이나 심지어 길에도 놓아두고 있다. 힌두 신은 여기에서마저 쫓겨나면 갈 데가 없다는 사실을 알고 사람들과 평화롭게 지내고 있는 모양이다.

해변이 접한 곳에 벨기에 태생 화가 '르 마이외르'의 삶과 작품이 남아있는 개인미술관이 있다. 문명에 거부감을 느껴 타히티 섬으로 가 새로운 미학을 열었던 고갱과 매우 흡사한 느낌이다. 고갱처럼 현지인들의 모습을 진솔하게 화폭에 담아내는 작품을 남겼다고 한다. 말년의 고갱은 현지 여인과의 결혼생활이 가난 속에 파탄이 나서 외롭게 죽어갔지만 르 마이외르는 행복한 결혼생활을 유지했던 것 같다. 그것도 무려 37세 연하의 미녀와 말이다. 그 둘의 흉상이 미술관 한켠에서 찾아오는 이들을 반갑게 맞아주고 있는데 난 그의 미술세계보다 그의 결혼생활에 관한 설명만 귀에 쏙 들어온다. 예술을 못하는 난 그럴 자격이 없는 걸까?

숙소를 배정받고 짐을 푼 우리는 며칠 굶주린 듯한 배를 채우기 위해 우붓 왕궁으로 향했다. 이미 어둑해진 시내는 구수한 음식 냄새로 가득 차고 여행객들은 가벼운 옷차림만큼이나 밝은 기분으로 오가고 있었다. 그들과 섞여 그럴 듯한 레스토랑을 찾아 자리를 깔고 앉은 우리는 늘 그랬던 것처럼 맥주를 주문하는데 여기는 여행 타운답게 생맥주가 공급되고 있었다. 계산대의 비어 있는 금고를 루피아로 가득 채워줄 작정을 하고 무수한 음식과 맥주로 위를 가득 채우고 나서야 천천히 이 도시의 어두워진 풍경을 탐색하기 시작한다.

우붓은 발리 섬의 핵심 타운으로 명성을 이어가고 있는 게 분명하다. 들뜬 사람들의 목소리와 발걸음, 쉬지 않고 손님을 찾으려는 자가용 택시운전기사들, 거기에 먹이를 찾아 헤매는 개까지! 기분이 느긋해진 우리는 손을 바지 주머니에 넣은 채 우붓 밤길을 어슬렁거리다가 환한 쇼윈도가 있는 상점이 보이면 물건을 사겠다는 뚜렷한 목적도 없이 들어가 흥정하고 옷도 입어보며 즐거운 시간을 보냈다.

숙소로 돌아온 우리는 준비해온 수영복을 꺼내 들었다. 수영장은 리조트와 바깥 논 사이에 자그맣게 꾸며져 있는데 마치 자연으로 돌아가 원시인처럼 유영하는 기분을 느낄 수 있도록 설계되어 있다. 밤인데도 수영장에는 특별히 밝은 조명이 설치되어 있지 않아 희미하게 존재만 알아볼 수 있을 뿐이라서 다행이라고 안심하는 미소를 서로 주고받는다. 아주 빠른 속도로 몸을 물에 담근 우리는 시간이 지나면서 약간의 어색함을 떨쳐버리고 나름대로 수영을 즐기고 있다. 하늘을 보니 남반구의 별들이 깜빡이며 빛나고 있다.

꽃향기가 퍼지는 리조트의 아침이 밝았다. 밤새 약간 비가 뿌렸는지 습기를 머금은 길을 걸으니 마치 하늘 위 구름을 걷는 신선처럼 신선한 느낌이 온몸을 휘감아 온다. 자연을 벗 삼은 리조트라 그랬는지 모르지만 아침식사는 여러 과일조각을 그릇에 담고 요거트를 듬뿍 넣은 후 골고루 섞어 먹었다. 이 맛에 길들여져 요즘도 나는 과일을 보면 조각을 낸 후 요거트를 듬뿍 섞어 비벼 먹곤 한다. 그 후에 마시는 한 잔의 커피, 살아있다는 게 행복으로 다가오는 아침이다.

오늘은 여행 멤버들 각자 자유롭게 시간을 보내라고 했다. 이 시간부터 내일 아침식사를 할 때까지 각자 여행을 즐기라고 선포하고 나는 우붓을 향해 걷기로 했다. 몇 년 전 우붓에 왔다가 구석구석 걷지 못해 우붓이라는 이름 외에 내 기억 저장소에 남은 게 없는 한을 풀기 위해서 말이다. 다소 힘들고 어려울 것이라는 예상에도 불구하고 선크림을 잔뜩 바르고 나름대로 모자와 옷맵시로 무장한 두 사람이 따라나섰다.

리조트에서 우붓 왕궁까지는 걸어서 한 시간 반쯤 걸리는 그렇게 짧지 않은 거리이며 길은 제대로 다듬어지지 않아 다른 생각으로 눈의 초점이 흐려지는 순간 하수구에 빠지거나 신이 드셔야 할 제물을 발로 차기 십상이다. 걷기엔 그리 호락호락한 길은 아니지만 고생하면 얻는 게 인생 아니던가? 목공방이 보인다. 발리는 목공예를 비롯한 가죽공예, 금속공예 등 손기술이 발달한 덕분에 많은 상품들이 저렴한 값에 널려있다. 하지만 마음에 드는 장신구나 소품을 득템하는 기쁨을 난 모른다. 왜냐하면 내 여행비 대부분은 맥주값으로 지불되기 때문에!

리조트를 벗어나 5분이나 걸었을까? 길 건너편에 미술관 표지판이 서있고 들어가는 입구가 보인다. '루다나 뮤지움(MUSEUM RUDANA)'. 딱히 어느 곳을 향해 가던 발걸음이 아니었던 우리는 비교적 빠른 시간 안에 첫 목적지에 도달했다. 안에 들어서니 직원일 듯한 몇 사람들이 빗자루나 손걸레 등을 들고 쓸고 닦으며 손님 맞을 준비를 하다가 우리를 쳐다본다. 오늘의 첫 손님이 우리군! 왼편의 가장 큰 건물 입구에 들어서니 그제야 여자 직원이 부랴부랴 서랍에서 입장권 뭉치를 꺼내들고 돈 받을 준비를 한다. 언뜻 보니 입장료가 10만 루피아(약 9천 원 정도)라고 쓰여 있다. '역시 비싸군, 입장료로 먹고사는 인도네시아!'라고 속으로 구시렁거리는 일그러진 우리의 얼굴을 보았는지 헐레벌떡 뛰어 올라온 가이드 겸 지배인인 듯한 늙수그레한 남자가 '로컬 5만 루피아'라고 외친다. 이때를 놓칠 새라 외국인용 입장권 뭉치를 테이블에 올려놓은 아가씨를 향해 나는 거짓말을 마구 퍼부었다. '아임 로컬!' 오늘 일진이 좋으려나?

원주민으로 입장한 우리는 그 남자의 감시 겸 안내를 따라 아무도 없는 미술관에 들어섰다. 미술적 지식이나 식견이 없는 내 눈에 보이는 것은 대부분의 작품이 무척 크다는 것이다. 아주 오래전에 그려져 내려온 듯한 약간 퇴색한 작품부터 발리의 생활상을 아주 리얼하게 표현한 발리스타일의 작품들, 그리고 현대 감각으로 무장한 작품들이 복도마다 방마다 빼곡히 걸려있다.

　어느 한 전시실에 들어서니 안내하는 분이 자랑스럽게 방명록을 펼쳐 보인다. 내 눈에 똑똑히 보이는 한문 '중국인민공화국주석 강택민.' 벽에 걸려있는 사진을 보니 장쩌민이 여러 사람들과 함께 이를 드러내며 웃고 있다. 그가 주석으로 있던 시절, 이곳 인도네시아에 왔다가 여기를 방문한 모양이다. 발리의 대표적인 미술 박물관은 왕궁에서 가까운 '뿌리 루끼산'이라고 알고 있는데 왜 발리의 한 구석에 있는 이곳을 찾아 왔을까? 그러자 갑자기 걸려있는 작품들이 권력을 등에 업고 빛을 내기 시작한다. 그림을 단지 쳐다보는 것으로 만족하던 내 뇌는 수많은 그림에 의미를 부여하고자 발을 동동 구르는 처량한 신세로 추락하고 말았다. 내가 쫄았다는 것을 파악한 이 늙수그레한 안내인은 어떤 작품을 가리키며 가격이 1억 원도 넘는다고 어깨를 으쓱인다. 아, 발리에 와서도 벗어날 수 없는 예술에 대한 콤플렉스여! 질세라 방명록에 한글로 일필휘지 갈겨쓴 나는 남아있는 작품들에게 급격하게 친절해진 눈길을 골고루 나누어 주고 나와 버렸다.

　갈림길이다. 낮에 눈뜬장님 부엉이처럼 고개를 갸우뚱거리다가 방향을 잡았다. 곱게 전통복장을 차려 입은 소녀가 광주리에 주섬주섬 예물을 담아 작은 탑신으로 올라가서는 물을 뿌리는가 싶더니 여기저기에 퍼져 있는 예물을 하나하나 바꾸기 시작한다. 필시 S라인이 분명한 뒷모습이 너무나 예뻐 보인다. 신은 앞을 보시고 난 뒤태를 보고. 잘 빗어 내린 검고 긴 머리가 가느다란 허리 중간에서 꿈틀거리고 있고 하얀 상의 위로 보이는 턱선은 햇빛에 반짝이며 신비로움을 뿜어내고 있다. 몇 시간이고 감동하고 싶은데 소녀는 공식일정을 마쳤는지 단에서 내려와 광주리를 머리에 이고 가며 알 듯 모를 듯한 미소를 주고 간다. '신중의 신이시여! 만약 저에게 신으로 다시 태어나게 할 요량이시면 반드시 힌두 신으로 이곳 발리, 바로 이 제단에 근무하게 하소서!'

다시 나타나는 삼거리길. 선택은 고통으로 다가올 때가 많다. 얼마 걷지도 않았는데 벌써 다리 근육은 고통을 호소할 준비를 한다. 어디에선가 발리 전통 음악인 듯한 소리가 들려와 고개를 빼어 보니 기둥과 지붕만 있는 널따란 강당 같은 곳에 15세 전후의 소녀들 열댓 명이 선생님의 지도에 따라 땀을 뻘뻘 흘리고 있다. 힌두교의 전통춤은 손가락 하나하나를 분리해내어 표현하고 다리를 구부려 한 다리로 섰다가 회전하는 모습을 반복하곤 한다. 우리는 아예 기둥에 기대고 서서 한참이나 구경 삼매경에 빠져들었다. 각자 역할이 분명한지 서로 춤사위가 다르다. 마주보다 돌아서고 또 마주치고, 그러다가 어느 순간 신께 바치는 매혹적인 미소를 보고 말았다. '신이여! 당신만이 보아야 할 미소를 훔쳐본 것을 용서하소서! 지금은 연습이니까 봐주세요!' 힌두 신으로 다시 태어나야겠다는 결심은 점점 굳어져만 간다.

배가 고파 울고 싶을 때까지 걷다가 우리는 마음에 드는 로컬 음식점을 찾아내고야 말았다. 길에서 약간 들어간 식당에는 이미 현지인들 대여섯 명이 맛있는 점심을 먹고 있었다. 인도네시아 음식이름 중에서 유일하게 알고 있는 나시꼬랭을 외치려다가 옆 테이블 현지인이 손으로 먹고 있는 것을 가리키며 손가락 셋을 펴보였다. 마음씨 좋아 보이는 주인아주머니는 알았다는 듯 웃으면서 머리를 끄덕이곤 음식 준비를 위해 몸을 돌린다. 옆 테이블에는 현지인과 결혼한 듯한 일본 여자 가족이 식사를 하고 있는데 음식 이름이 '나시짬보'라고 남자가 알려준다. 미소를 지으며 머리는 금세 딴 짓을 한다. 이 일본 여자는 어떤 이유로 발리까지 와서 결혼을 했을까? 이곳으로 여행 왔다가 만났을까? 아니면 다른 나라에서 만났다가 남자의 고향인 이곳에 정착했을까? 나중에 안 사실이지만 이곳 발리에는 현지인 남자와 일본인 여자 커플이 제법 많다고 한다. 나중에 가이드한테 물어보니 한국 여자 커플은 한 번도 보지 못했다고 한다. 왜 그런지는 모르지만 말이다. 지도를 꺼내 일본 부인한테 들이밀었다. 우리가 얼마나 무작정 걸었던지 이곳 로컬 식당은 아예 지도를 벗어나 있었고 이쯤이라고 손가락으로 위치를 찍어준다. 대략 방위를 확인한 나는 오후에 갈 방향을 머리로 짐작한 후 주인집 딸이 날라준 나시짬보를 허겁지겁 먹기 시작했다.

왕궁을 향하여 얼마간 걸으니 여행자 타운 냄새가 스멀스멀 피어나기 시작한다. 여행자 거리에만 오면 왜 몸이 먼저 반응하는 걸까? 배가 부르니 발걸음이 느려진다. 우붓을 걷고자 했던 욕망도 어느 정도 채운 터라 마사지숍을 찾아 들어가 신발을 벗으니 개운한 느낌이 밀려온다. 마사지하는 소녀가 발바닥을 누를 때 나도 모르게 "와우, 굿!" 하고 탄성을 지르니 자기들끼리

무어라고 하며 낄낄거린다.

　마사지 후 카페에 들어가 빈탕을 주문했다. 비록 맛은 없다지만 좋은 점은 족히 700㎖가 넘는 병맥주를 준다는 사실이다. 다른 여행지는 대부분 콜라병 사이즈에 불과한 작은 병을 주기 때문에 한 모금 마신 후 바로 주문을 외쳐야 하는데, 빈탕은 천천히 잔에 따라 마시다 보면 어느새 두둑해진 포만감을 느낄 수 있다. 일행 두 사람은 풀코스 마사지를 받는 터라 아직도 베드에 엎드려 소녀들의 간지러운 손길로 모든 세포를 부활시키고 있을 것이다.

　카페 밖 오후의 햇살이 퍼지는 곳에 연신 사람들이 지나다닌다. 내가 알지 못하는 어느 곳에서 온 여행자를 만나 이런저런 이야기를 나누면 여행의 기쁨이 배가 될 텐데, 어학을 담당하는 측두엽이 약한 나는 생계유지를 위한 몇 마디만 알고 있을 뿐, 경험을 나눌 의사소통이 불가능해 결국 이 멀고 먼 곳 발리에서 고독한 사나이가 되어 버렸다. 그러면 어떠하랴. 말없이 나의 방식대로 여행을 즐기면 되지!

　마사지를 마치고 뽀샤시한 얼굴로 나타난 두 사람과 함께 빈탕이 있는 카페에서 더운 태양을 피한 우리는 오후의 길어진 햇살을 확인하고는 쇼핑에 나섰다. 거리에는 주로 옷과 모자, 이러저런 장식품들이 걸려있는데 호주를 비롯한 서양 사람들이 많이 찾는 까닭에 옷은 우리 동양인 체형에는 잘 맞지 않는 것 같다. 퇴직 후에 이곳 우붓에서 눌러 사시는 것으로 짐작되는 나이 많은 호주 할아버지는 상가 주인과 반갑게 인사를 나눈 후 아예 가게 입구에 걸터앉아 쉬고 있다. '은퇴 후의 생활을 발리에서 한다? 여기에서 라면 장사나 할까?' 이때부터 라면 장사 생각이 내 머리를 떠나지 않고 자리 잡고 있다. 마침 우붓 거리에 한국 식당이 보이지 않는다. 김밥과 함께 우리 술 막걸리를 빚어 팔면 어떨까? '경험하라, 코리아 후드'라는 타이틀을 걸고 지짐이도 부치고 국밥도 말아 팔면 재미있지 않을까? 욕심 부리지 말고 하루에 라면 열 그릇, 김밥 열 줄 그리고 막걸리 서너 통쯤 팔면 되지 않을까?

우리를 지나치다 말고 뒤돌아선 호주 할아버지는 '떼놈, 왜놈'을 외치며 그 뜻을 안다고 한다. 젊은 시절, 만주에서 살았다고 하는데 그 이유까지는 알아들을 수 없어 그냥 웃으며 고개만 끄덕였다. 나는 요즘 '떼놈'이라는 표현은 하지 않지만 '왜놈'이란 말은 아직도 하고 있다고 강조했다. 어쩌면 지구 종말까지 우리는 저주를 담아 '왜놈'이란 소리를 입에 단 채 살고 있지 않을까?

타투가 소원인 두 사람의 뜻을 이루지 못하고 우리는 제법 큰 식당으로 들어섰다. 중국에서 온 듯한 친구로 보이는 여자 두 사람은 수다를 떨며 접시에 남아있는 음식을 싹싹 비우고 있고 한국에서 온 부부는 메뉴판에 있는 그림을 보고 맛을 추측하느라 여념이 없다. 문득 어두워진 하늘에서 비가 쏟아진다. 그러고 보니 지금은 인도네시아의 우기이다. 그런데도 비를 처음 본다. 여행 중에 맛보는 비의 맛! 하긴 무엇인들 맛있지 않겠는가! 오렌지색 조명 아래 비를 바라보며 맛있는 발리 음식을 기분 좋게 즐겼다.

　아침식사 후 가방을 싸서 프런트에 나오니 머리에 발리 꽃을 꽂은 삼십대로 보이는 남자가 하얀 이를 드러내며 우릴 맞는다. 힌두교 신앙에 따라 꽃을 제물로 신께 기도를 드린 후 그 꽃을 머리에 꽂는다는 설명을 듣고 나니, 모르는 사람에 대한 의혹감이 순식간에 사라진다. 서울에서 섭외할 때 카톡으로 인사를 주고받았던 그는 발리가 고향인데 부인이 아기를 엊그제 출산했다고 한다. 한국말을 어느 정도 자유롭게 구사해 한국에서 꽤 알려진 이 아저씨는 아이가 셋이 되었는데, 스마트폰에 저장해 놓은 딸 사진을 보여주며 이가 다 보이도록 웃는다. '딸바보는 전 세계 어디에나 있군!' 내친김에 와이프 자랑도 늘어놓는다. 부인은 열 살 아래로 그녀의 나이 불과 열일곱 살이 되었을 때 너무 예뻐 다른 남자에게 빼앗길까 봐 일찍 결혼했단다. 부인의 마음도 착한지 괜히 물어보았다. 몇 번이나 모든 이를 다 보여주며 웃는 이 남자, 문득 부러움이 넘쳐 시기심마저 치밀어 오른다. 발리 여자와 결혼해서 살려면 생활비가 어느 정도 필요한지 호기심 섞어 물었더니 1년에 5천 불 정도란다. "와이프가 두 명이면?" 그러자 운전하다가 크게 웃으며 "사장님! 와이프 둘이면 7천 불 정도요." 음, 여기는 네 명까지 합법, 합법, 합법적이랬지!

　오늘의 최종 목적지는 공항이다. 엊그제 공항에서 이곳 우붓으로 왔듯이 오늘은 반대로 이동하며 발리 섬 이곳저곳을 둘러볼 생각이다. 체크아웃을 한 우리를 나누어 태운 차는 조금은 익숙해진 거리를 지나 왕궁 근처에 위치한 '뿌리 루끼산' 미술관에 도착했다. 입장료 때문에 마음 깊은 곳의 상처가 아직 아물지 않은, 그러나 이제 입장료에 관한 한 세계에서 가장 현명하게 대처할 줄 아는 총무는 외국인 1인당 10만 루피아라는 가격표를 보고는 모든 지혜를 동원하더니 드디어 반값에 단체표를 사는 데 성공했다. 일행이 열 명이어서 단체표 발권이 가능하면 그만큼의 입장료만 받으면 되는데 절대 스스로 알려주지 않는다. 입장료 수입에 따라 연봉이나 성과급이 결정되는 걸까? 단체표가 있다는 사실을 알아내는 데 거의 20분이나 되는 아까운 시간을 흘려보낸 우리는 어디에 하소연도 하지 못하고 또 씁쓸하게 웃고 말았다. 그래도 이번에는 쩐을 아끼는 성과가 있어서 미소가 퍼진다. 더 이상 이 나라에서 입장료를 지불하는 어리석은 행동을 하지 않으리라!

발리에서 가장 오래되고 전통 있는 미술관답게 정원에는 열대나무들이 아늑하게 자리 잡고 있었다. 정원을 중심으로 네 개의 전시관에 걸려있는 필시 작가의 혼과 생명이 담긴 작품에는 그다지 많은 눈길을 주지 않았는데 아마 어제 들렀던 루다나 뮤지움에서 비슷한 류의 그림을 많이 보았기 때문일 것이다. 그림에 흥미를 잃은 나는 녹색이 환하게 퍼져 있는 건물과 건물 사이에서 동행한 일행 중에서 무난하게 카메라 테스트를 통과할 것으로 믿어 의심치 않는 두 사람을 모델로 세우고 사진을 찍는 데 더 몰두했다. 오전의 적당한 햇빛과 습도가 두 사람의 지친 피부를 새로 피어나는 꽃잎처럼 화려하게 만들어주어 사진을 찍는 나는 모델로 서 있는 두 사람보다 더 흥미 있는 여행의 일부분을 보내고 있었다.

뿌리 루끼산 미술관을 떠나며 이제 우붓이란 아름다운 여행 타운을 벗어나야 한다는 사실에 마음 한 구석이 살짝 저려온다. 서울에서 거의 일곱 시간 넘게 좁다란 날틀 의자에서 버텨내야 올 수 있는 곳인데 언제쯤 다시 이곳 우붓에서 여행을 즐길 수 있을까 하고 생각하니 차창 밖으로 내민 눈동자가 회귀할 조짐이 없다. 한국이 극동아시아에 위치하고 있기 때문에 중국이나 일본 외에 다른 지역으로의 여행은 쉽게 결심하기 어려운 점이 있다. 나는 그만 우붓을 떠나고 있는데 손을 꼭 잡고 낄낄거리며 거리를 배회하는 연인들이 보인다. '연인들이여! 나 대신 발리, 아니 우붓을 많이 사랑해주세요. 언젠가 한국에도 꼭 방문하고요'

'데와 마데'라는 가이드에게 가죽공방으로 데려다 줄 것을 요청했으나 이 친구가 알아들은 곳은 가죽으로 짝퉁을 만들어 전시한 매장이다. 만약 우리가 패키지로 왔다면 반드시 들렀어야 할 짝퉁 매장을 내 스스로 찾아왔다는 자괴감도 잠시 우린 가죽과 접착제의 향기에 순식간에 매료되어 가죽으로 만든 자켓과 가방 등의 가격 흥정에 몰두했다. 그러나 출구를 나와 일행을 보니 가죽을 손에 든 사람은 아무도 없었다. '모두 지혜로운 여행자로군.' 하고 대견해하는데 가이드가 묻는다. "제품 수준이 안 좋은가요?" 속마음을 감추고 점잖게 이곳 발리와 제품을 사랑하는 것이 분명한 이 사람에게 대답해주었다. "가죽은 죽이도록 좋은데 꼬맨 솜씨가 서툴러요." 이런 대답을 들어본 경험이

처음은 아닌 듯 가이드는 밝은 미소를 잃지 않고 한국 음식이
잘 차려진 식당으로 안내해주었다.

며칠 만에 입술이 빨개지도록 맛있게 한국 음식으로 배를 채
운 우리는 줄리아 로버츠가 출연한 영화 '먹고 기도하고 사랑하
라(Eat Pray Love, 2010)'의 무대가 되었다는 빠당빠당이라는 해변
을 찾았다. 해변에 가까이 와서 그런지 아니면 마지못해 걸친 것
같은 비키니 차림의 서양 여인들이 유영하는 물고기처럼 수시로
내 곁을 지나다녔기 때문인지 모르지만 뜨거운 발리의 태양이
갑자기 다가왔다. 해변으로 내려가는 통로는 겨우 한 사람씩 오
갈 수 있을 만큼 좁은데 모래가 밟힐 때쯤 내려다 본 빠당빠당
은 작지만 무척이나 아름답다. 마치 절벽 밑에 있는 작은 모래밭
을 큰 바위가 감싸고 있는 듯해서 엄마 품에서 노는 아이 같은
기분이 든다. 인도양의 물색은 한국의 동해안과 서해안을 반반
씩 섞은 듯한데 이곳은 파란색이 좀 더 도드라져 보인다. 여기는
인도양에서도 서핑하기 좋은 해변으로 꽤 알려져 있다. 이미 해
변에서의 즐거운 놀이를 시작한 지 꽤 지났을 그들은 점잖게 옷
을 차려입 은 우리에겐 눈길 한 번 주지 않고 각자 바다를 즐기
고 있었다. 서핑보드를 저으며 파도치는 곳까지 가려는 사람, 물
이 발목에만 닿아도 너무 좋아서 입 면적을 최대한 넓히고 있는
사람, 햇빛을 앞으로 뒤로 온몸으로 받아내는 벌거숭이 여자들,
그래서 바다로 향해야 할 내 눈은 자꾸 육지로 향한다. 그늘을
만들고 앉아 구경하는 사람들과 그들에게 이런저런 용품을 팔
고 있는 현지 장사꾼들로 자그마한 해변은 좀처럼 가만히 있지

를 못한다. 줄리아 로버츠가 영화를 찍었던 곳이 어디쯤일까? 수영하려는 의지가 없었던 우리는 구경꾼이 되어 그렇게 빠당빠당을 경험하고 있었다. '비치에서도 단정하게 입은 자 당신은 동양인, 훌러덩훌러덩 벗는 자유를 누리는 자 당신은 서양인.' 이 공식은 빠당빠당에서도 깨지지 않았다.

오후의 햇살이 이과수 폭포처럼 절벽에 쏟아지는 울루와뚜 사원에 도착했다. 버릇 없는 원숭이가 더 유명세를 타고 있는 이곳에는 세계 어디에서 모였는지 수많은 사람들의 발걸음이 이어져 좁다란 길이 분주하다. 마지막 입장료를 어금니를 꽉 물고 지불했지만 절벽 사원의 위용 앞에 그만 꼬랑지를 내리고 맑은 하늘까지 아낌없이 선사하고 있는 인도양의 신께 경배하는 마음이 충만하다. 어쩌면 오늘은 절벽 위에서 석양이 물든 인도양을 동공 안에 가득 담을 수 있을지도 모른다. 무거운 카메라를 좁다란 어깨와 가느다란 허리로 받쳐 들고 있는 어느 여인도 좋아하는 물빛을 기다리며 조용하게 인도양을 내려다보고 있다.

깨짝쇼 타임이 되자 사람들이 절벽 안에 조성된 공연장에 모여 들었다. 높디높은 공연장의 왼쪽에는 인도양이 내려다보이고 앞으로는 울루와뚜 사원이 절벽 위에 서 있으며 석양의 기운은 점차 우리를 붉게 만들어가고 있다. 먼저 힌두 신께 오늘의 공연을 보고하고 난 후 상반신을 벗은 남자 배우 수십 명의 몸짓과 소리가 절벽에 넘쳐나기 시작한다. 공연은 4장으로 구성되어 있는데 우리는 미리 나누어준 설명서를 보며 스토리를 구성해 나갔다. 힌두교 신화를 소재로 하는 동남아 일대의 공연은 내용상 비슷하지만 그 표현에서 이곳 울루와뚜 공연은 매우 특별하다. 어쩌면 이곳 울루와뚜에서만 원본에 가까운 공연을 볼 수 있는 지도 모른다. 한 시간 여의 공연이 마치자 구경꾼과 배우가 같이 어울려 포토타임을 갖는다. 우리도 여자 주인공으로 분장한 배우를 중심으로 기념사진을 남기고자 최선을 다했다. 예의바르게 차려자세로 찍지 않기로 하고 마치 배우가 된 듯 양손을 들고 깨짝쇼 흉내를 내자 지나가던 남자 배우가 같이 깨짝소리를 내며 한 수 지도해준다. 문화전파란 총칼이나 돈으로 하는 게 아니라 이렇게 하는 것이라는 것을 보여주듯 말이다.

여행의 마지막 순간, 인도네시아 공항은 끝까지 우리를 괴롭히는데 전혀 주저하지 않는다. 공항세를 내라는 표지 앞에서 달러로 지불하려고 하니 적용 환율이 거의 목에 칼을 겨눈 수준이다. 화가 머리 꼭대기까지 오른 나와 총무는 루피아로 환전하기 위해 공항 밖으로 뛰쳐나왔다. 그러나 너무 늦은 시간이어서 공항 앞 환전소에는 이미 어두워진 간판이 우릴 조롱하듯 걸려있을 뿐이다. 할 수 없이 공항 입구로 되돌아오니 우리랑 처지가 비슷한 한국 아주머니가 환전소를 찾고 있다. 우리는 이 말도 되지 않는 인도네시아 공항의 정책에 희생되지 않기로 하고 모든 뇌와 눈을 동원하여 방금 입국한 사람들이 쏟아져 나오는 곳에 환전 은행이 있다는 것을 알아냈다. 입국장 반대편에 있는 사람들의 출입을 금지한 라인을 넘는 것을 조금도 두려워하지 않고 환전은행을 향해 돌진한 우리는 망할 놈의 루피아를 얻는 데 성공하고야 말았다. 그나마 다행인 건 이곳 공항이나 시내의 은행 환전은 사설 환전에 비해 그다지 환율이 불리하지 않다는 사실이다. 공항세를 거두는 직원에게 방금 환전한 루피아를 또 박또박 세어 건네 준 나는 쓸데없는 승전가를 조용히 부르고 있었다.

손에 쥔 항공권은 이미 두 시간 연착되어 출발시간이 표시되어 있었다. 공항의 딱딱한 대리석 바닥 위에 보로부두르에 입장할 때 둘렀던 살롱을 깔고 누웠다. 뒤끝 작렬로 가져온 살롱이 이렇게 유용할 줄이야! 역시 여행할 때는 무엇이든 챙겨놓으면 언젠가 긴요하게 써먹을 때가 있는 법! 눈은 분명히 감았는데 내 뇌는 회전을 멈추지 않더니 뇌 구석 어디에선가 이스탄불과 그리스를 꺼내어 또 다른 여행계획을 짜기 시작한다.

이곳 발리에서 그다지 멀지 않은 곳에서 태양이 기지개를 켤 때쯤 아홉 명과 동행한 행복하고 즐거웠던 여행은 조용히 마무리되고 있었다.

Vladivostok

Russia

두통이 심해졌다.
얽히고설킨 실타래처럼
풀려 할수록 잔뜩 꼬여만 간다.

할 수만 있다면
뇌세포를 새로 엮어 다시 살고 싶다.

슬픈 연해주여!

　블라디보스토크, 동방을 지배하라는 머리 네모난 레닌의 명령을 따라 슬라브족들이 모여 사는 곳, 우리에게는 연해주로 불리는 광활한 땅이다. 이곳은 우리나라를 비롯하여 중국, 러시아 3국의 국경이 맞닿아있기도 한데 지정학적 위치에 비해서는 다툼이 없는 비교적 평화로운 곳이기도 하다. 그러나 우리에겐 아프고도 아픈 역사가 배어 있어 흔적조차 가슴 저미는 애달픈 곳, 블라디보스토크과 우스리스크로 가기로 한다.

　블라디보스토크로 가는 길은 바닷길로 가는 길과 함께 날틀을 타고 가는 방법이 있다. 육로로 가는 길은 북한을 통과해야 하기에 지금으로선 불가능하지만 언젠가 우리 후손들은 선조들이 그랬던 것처럼 기차를 타고 갈 날도 오겠지. 살길을 찾아 또는 독립운동을 위해 가야만 했던 암울한 발걸음이 아니라 여행을 하거나 또는 투자 등을 하기 위한 희망찬 발걸음 말이다. 가끔 잊을 만하면 경제적 목적으로 시베리아 철도를 북한철도와 연결하여 서울까지 잇는 방안이 논의되곤 한다. 그렇게 되면 얼마나 좋을까? 서울에서 열차를 타고 북한과 시베리아 벌판을 거쳐 모스크바까지 갔다가 유로열차로 바꾸어 타고 유럽 각지를 여행할 수 있다면 말이다. 서울에서 모스크바행 티켓을 손에 쥐는 상상만으로 배낭을 꾸려 서울역으로 가고 싶은 충동이 느껴진다. 과연 이런 날이 오긴 할까? 물론 철로가 연결되어도 처음에는 천연가스라든가 물자를 수송하는 목적으로 이용될 것이 분명하고 여행객이 이 열차를 타기란 안타깝게도 수세기 내에는 불가능해보인다. 그렇더라고 꿈을 꾸어야 한다. 나는 가지 못하더라도 후손들은 오리지널 오리엔트 특급열차를 타고 여행할 수 있겠지.

부산에서 지하철을 타면 안내방송 언어 중 러시아어도 있었던 것으로 기억된다. 그만큼 연해주에 사는 러시아인들이 지리적으로 가까운 한국으로의 왕래가 많다는 뜻인데 아마 초기 무역 형태인 보따리 장사꾼이 많아서일 것이다. 때문에 배편으로 가는 것은 그리 어렵지 않은 방법이다. 러시아인들과 뒤섞여 한 배를 타고 동해를 거슬러 올라가며 시원한 바닷바람을 마주하고 맥주 캔을 따는 풍경, 아침 일찍 일어나 선상에서 맞는 동해의 뜨거운 태양, 밤이면 까만 하늘에 빼곡하게 박혀 있을 하늘의 빛나는 보석들, 상상만 해도 정말 매력 있어 보인다.

물론 늘 이 배를 이용하는 러시아인이나 한국 사람들은 기나긴 항해가 지겨울 법하다. 오늘 오후 두 시경 출항하면 꼬박 24시간 이상 더 걸린 내일 오후 두세 시경에나 블라디보스토크 항에 도착할 수 있으니 말이다. 바다가 잔잔하면 좋겠지만 동해의 파도는 통상 2~3m는 매너 높이고 대개 푸른 파도가 배를 잡아먹을 기세로 넘실넘실 할 테니 배의 롤링을 상상만 해도 속이 불편해지려고 한다.

배는 속초이나 동해에서 출항하는데 가장 큰 장점은 가격이 저렴하다는 것이다. 지금은 무비자로 러시아 여행이 가능하지만 예전에는 이 배를 이용하여 2박 4일 방문할 경우에만 비자가 필요하지 않던 시절이 있었다. 러시아 비자피는 비싸기로 정평이 나 있는데 한국 돈으로 12만 원씩이나 받아 챙겼던 것으로 기억된다.

아무튼 시간적인 여유가 있고 크루즈의 로망을 꿈꾸는 여행객들이라면 배를 이용하여 블라디보스토크로 향하는 것도 매우 재미있는 여행이 될 것이다.

마지막 남은 방법은 가장 편리한 방법, 그러나 그만큼 쩐을 아낌없이 질러야 하는 비행기이다. 비행시간은 불과 2시간 20분쯤 걸리는데 예상보다 무척 가까운 거리이다. 그것도 직선으로 쭉 가지 못하고 서해로 빠져서 공해로 나갔다가 북진으로 방향키를 잡고 중국 땅에 다다르면 그때서야 동쪽으로 다시 한 번 궤도를 변경해서 도착하는 항로를 이용한다. 내 생각에 인천 공항에서 이륙한 후 바로 동쪽으로 가서 동해로 나갔다가 북쪽으로 향하면 훨씬 짧아 경제적으로 이익일 텐데 몇 년 전 북한의 천안함 폭침 후 중국 쪽 항로를 이용하고 있다고 한다. 우리나라를 비롯한 미국, 중국, 러시아, 일본의 이해가 상충한 지정학적

요충지이기 때문에 인천에서 비행기가 뜨면 관계국 레이더들이 숨 가쁘게 이 비행기를 주시하게 마련이다. 사건 이후 항로를 변경한 것을 보면 일본 레이더보다는 중국 레이더망이 더 안전하다고 판단했나 보다. 북한이 아무리 간이 부어도 중국 레이더망을 건드리는 일은 없을 테니까! 이 역시 우리 민족이 갖고 있는 숙명적인 슬픈 일의 하나라고 생각된다.

휴가를 길게 내지 못하는 직장인의 한계를 가슴 저리게 느끼며 다섯 명의 동료와 함께 가장 빨리 다녀올 수 있는 비행기를 선택했다. 인천 공항에서 블라디보스토크로 가는 비행기는 하루에 세 편 정도 있는데 주말에는 비교적 중형 이상의 비행기가 뜨기도 한단다. 러시아 사람들이 블라디보스토크에서 중국이나 일본 외의 다른 나라를 여행할 때 경유지로 인천 공항을 이용하는 것으로 보인다. 인천 공항은 달나라만 빼고 어디든 갈 수 있는 말 그대로 허브공항이니까.

비행기는 정확하게 2시간 20분 만에 금발의 S라인 미녀들이 가득한 축복받은 땅 블라디보스토크 공항에 도착했다. 동양에서 아주 짧은 시간 안에 유럽으로 온 것이다. 이것은 러시아가 극동부터 유럽 본토까지 길고 널따랗게 자리 잡은 까닭인데 이걸 고맙다고 해야 하나 아니면 땅 욕심 많았던 그네들 선조를 미워해야 할까?

백인 여성과의 인연이라고는 고작 단 한 번의 뺨 키스가 전부인 나는 막연한 로망을 꿈꾸기 시작한다. 흔히 백인 남성들이 동양권 여성들을 대할 때 신비롭다며 동양 여자는 다 이쁜 줄로 착각하듯이 말이다. 여행 내내 오가는 모든 여성을 향하여 나의 동공에 초점이 뚜렷하게 맺히도록 있는 힘을 다 주었다. 일찍이 문학비평가 M. 아놀드도 '대상을 있는 그대로 보라'고 깨달음을 일찍 말하지 않았던가? 확실히 월등한 기럭지를 갖고 마치 모델처럼 거리를 활보하는 하얀 피부의 선녀들. 누군가 도자기 피부 동양 여자가 훨씬 가치가 있다고 외치는 것을 보았으나 내 눈은 이미 멀어 버렸다. 더구나 족히 한 뼘이 넘는 힐을 거의 모든 젊은 여자들이 신고 다니는데 같이 다니는 남자가 오히려 작아 보일 정도이다. 왜 그럴까? 이미 신이 내려준 큰 키에도 불구하고 다른 사람과 비교해서 더 커야 하는 미의 기준이 있나 보다. 키 작은 내게 이 무슨 망할 기준이람! 하긴 여기는 러시아 역사와 문화가 지배하는 러시아 땅! 아무럼 어때. 저렇게 보기 좋은데. 보고 또 보아도 눈이 전혀 지치지 않는다. 서양 남자들도 금발에 파란 눈을 좋아한다고 하지 않았던가? 넘실대는 금발의 물결! 오래 전에 한국에 광풍처럼 불었던 야한 가짜 노랑머리가 아니다. 훤칠한 키와 군더더기 없는 환상적인 몸매 그리고 파란 눈까지, 가끔 지나가는 검은 머리 러시아인은 양념처럼 느껴진다. 이 동네에서 미녀라고 불리는 여자들이 따로 있을 텐데 그걸 구분할 수 있는 능력을 갖추려면 족히 한 달 이상은 여기서 살아야 할 것 같다. 아니 한 달 가지고는 지나가는 미인이 20대일까 아니면 60대일까 겨우 세대 정도 구분할 수 있지 않을까? 아주 더운 여름이 되면 이곳 블라디보스토크는 젊은 여자들을 중심으로 옷을 몹시 시원하게 입는다고 한다. 이 때문에 멀리 모스크바에서도 남자들이 비행기로, 기차로 원정을 온다고 하니 상상만 해도 심장이 뜨거워진다. 언젠가 여름을 골라 다시 와야 할 이유가 분명해졌다.

도시를 조망하기 위해 전망대에 오르자 우리 발걸음이 탐탁지 않은지 바람이 거세게 불어온다. 심술을 품은 듯 잔뜩 구름 낀 하늘은 십자가를 부여잡은 두 사람의 멍크 동상을 우중충하게 만들고 그 아래 연인들이 걸어놓은 자물통마저 녹슬어 보이게 한다. APEC 정상회담이 여기에서 열린 지 얼마 되지 않아 도시는 제법 정돈되고 새 치장도 한 모양인데 속까지 글로벌하게 바꾸기엔 지나간 세월이 쉽게 허락하지 않는가 보다. 불과 두 시간여 만에 겨울을 만난 듯한 우리는 몸을 부르르 떨며 신속히 하산해서 불길을 찾았다.

러시아의 거의 모든 도시에 있는 혁명의 횃불이 전쟁 기념 조각 가득한 중심에서 타오르고 있다. 냉전시절, 민주 진영에서 살아온 나는 공산 혁명을 상징하고 있는 부조물이 위압감으로 다가온다. 이를 아는지 모르는지 머리에 잔뜩 멋을 준 청년은 손바닥에 스마트폰을 붙이고 아무 생각 없이 지나가 버린다. 바닷가에 가까이 다가가자 흉물스런 탱크가 자랑스럽게 전시되어 있는데 우리 모습을 보고 그 위에 있던 어린 소년이 갑자기 어딘가를 향해서 거수경례를 한다. 냉전이 해체된 후 오히려 과거 시절을 그리워한다는 철없는 어른들이 있다는 소리는 들었지만 어린놈이 왜 민주시민 앞에서 난데없이 시위를 하는 걸까? 저 나이 때 흔히 하는 병정놀이였기를 빌며 핵잠수함 내부로 기어들어갔다. 한때 미군 군함을 벌벌 떨게 했던 핵잠수함을 관광용으로 전시하고 있는데 내부는 생각보다 무척 좁았다. 무슨 용도로 이 많은 밸브가 필요했는지 모르지만 여기저기 밸브를 열고 닫는 핸들이 다닥다닥 붙어 있고 제일 뒤편에는 어뢰 모형이 얹혀져 있다. 배 안의 잠망경을 배경으로 기념사진을 찍은 우리는 러시아의 대표작 보드카를 찾아 나섰다.

아주 오래전, 누군가 내게 보드카 한 병을 선물해준 적이 있었다. 예술의 나라답게 하얗고 투명한 병이 너무 예뻐 병을 비울 생각을 못하고 한참 동안이나 거실 한켠에 두었는데 언제 어떻게 사라졌는지 기억이 없다. 그러나 아직도 병에 새겨진 차이코스프키의 얼굴이 떠오른다. 슈퍼에서 소리 없이 기다리고 있는 보드카를 향하여 손을 마구 저은 우리는 상표마다 한 병씩 쇼핑 바구니에 담았다. 물론 맥주도 상표마다 골고루 챙겨 넣는 것도 잊지 않았다. 룸에 돌아온 우리는 장바구니를 풀고 입맛을 다셔가며 보드카를 들이켜기 시작했다. 예전에 보드카를 마셔본 기억이 없지만 생각보다 맛이 있는 터라 주거니 받거니 여행기분을 돋우며 불톡의 맛과 향기를 익혀갔다. 블라디보스토크의 밤이 제법 어두워지고 사방은 조용해져 있다. 바다는 조용하게 두툼한 비구름을 이불 삼은 채 검푸른 빛을 심해 속으로 끌어당기고 있었다.

블라디보스토크는 화창한 날씨가 한 해에 며칠이나 될까? 가끔은 구름사이로 햇살이 습기 찬 대지를 말려줘야 좋을 텐데 말이다. 하늘은 회색 구름이 두텁게 덮여 있고 내일은 비까지 예보

되어 있어 희망찬 아침하늘이라고는 전혀 찾아볼 수 없다. 흐린 날씨 때문에 투덜대며 호텔을 나섰다. 주위를 둘러보니 숲은 푸르고 풀잎 색깔은 짙으며 꽃들은 비록 젖어 있지만 본래의 색깔을 악착같이 드러내고 있다. 광합성이 제대로 이루어지고 있는 것을 보면 내가 머무르는 며칠 동안에만 연해주 일대가 구름으로 덮여 있는 모양이다. 난 여행 운이 좋아 웬만하면 날씨가 도와준다는 나름대로의 믿음이 있었는데 이곳 블라디보스토크에서 그 믿음이 보기좋게 깨져버렸다.

왜 그랬는지 모르지만 유난히 동방에 필이 꽂혔던 니콜라이 2세가 야심차게 만들었다는 시베리아 열차의 종착역인 블라디보스토크 역으로 향했다. 제정 러시아의 마지막 황제로 혁명의 시기에 성난 군중에 잡혀 총살을 당했다지? 아무튼 그는 빈약한 재정에도 불구하고 시베리아 횡단 열차를 깔았고 그것으로 그의 인생이 막을 내리는 계기가 되었지만 지금의 후손들은 총살 당한 황제의 엄청난 덕을 보면서 살고 있으니 역사란 참 알 수가 없다. 다른 역사처럼 역 앞 좁다란 광장은 주차된 승용차와 광장으로 들어와 승객을 하차시키고 돌아나가려는 버스 때문에 사람들이 차량을 피해 다니고 있다. 미색이 도드라져 보이는 예쁜 블라디보스토크 역사가 눈에 들어온다. 이들의 예술 감각은 역사 하나를 지어도 예술로 마무리를 하는 듯 지금 보아도 세련되고 멋져 보인다. 안에 들어가니 그 당시 블라디보스토크 역 개관식 같은 장면이 그림으로 표현되어 있어서 그 감격을 조금이나마 느껴볼 수 있다. 장장 9288㎞의 철로를 모스크바에서 블라디보스토크까지 연결한 공사 책임자와 담당자들의 감정을 가늠한다는 것은 불가능할 정도일 것이다. 이른 아침인데도 역사 안은 러시아 사람들 몇몇이 모여 있는데 얼굴 표정들이 역시 무뚝뚝하기 그지없다. 친해지면 정말 잘 대해준다는데 "즈드라쓰부이쩨?"만 중얼거리는 나로서는 이래저래 친해지기가 결코 쉽지 않아 보인다. 레닌 혁명 이후 스탈린을 거치며 공포의 공산주의가 지배했던 사회 분위기가 다 청산되기에는 아직 시간이 부족한가 보다. 하긴 KGB 같은 조직이 아직까지 곳곳에서 살아 숨 쉰다는데, 언제 가방을 뒤질지도 모른다는 생각에 마음이 불편해진다.

길거리를 배회하다 보니 이상한 것은 고려인이 생각보다 별로 보이지 않는다는 것이다. 연해주에 이주해와서 제법 많은 고려인이 터를 잡고 살고 있을 듯한데 몇몇 남자들만 보았을 뿐 특히 여자는 잘 보이지 않는다. 왜 그럴까? 연해주의 슬픈 역사를 몸으로 가슴으로 안고 사는 그들을 보고 싶은데 신한촌 기념탑만이 이곳에 고려인이 살았었고 또 살고 있다면서 우두커니 서 있다. 국화꽃을 준비해 위령탑에 헌화하면서 선조의 정신을 본받아 타향이지만 꿋꿋하게 황무지를 일군 기적을 이어가기를 빌어본다.

북유럽의 당당한 일원이라고 주장하고 싶은지 건물은 오래되었지만 고풍의 맛을 아낌없이 드러내고 있다. 예술을 가미한 건축술은 어느 유럽 건물에 뒤지지 않을 것 같고 길거리는 오히려 유럽 본토보다 넓고 깨끗하게 정돈되어 걷기에 아주 흡족하다.

공산 사회를 거치면서 잠시 주춤했지만 숨길 수 없는예술혼이 어김없이 여기저기 묻어나 예술에 관한한 콤플렉스를 갖고 있는 나에게 고상하게 다가온다. 문화예술의 중심이 유럽에서 발달한 이유 때문에 비유럽권 민족들이 느끼는 부러움. 괜찮아, 우리에겐 한류와 K-POP이 잘나가고 있으니까!

저녁이 되자 블라디보스토크의 밤공기가 궁금해졌다. 6월, 여름이 시작되어서인지 아직 쌀쌀한 날씨인데도 밤 열 시가 넘어서야 제법 어둑어둑해진다. 날이 어둡지 않아 저녁을 오랜 시간 즐길 수 있다는 것은 축복이다. 그때까지 젊은이들은 연인 또는 친구와 함께 달달한 시간을 즐길 수 있기 때문이다. 하루를 마감하는 시간이 다가와 날이 어두워지면 자녀의 안전을 염려하는 부모들의 보호본능 발동으로 인한 귀가 독촉으로 두뇌 한쪽이 아플 텐데 제법 환한 상태라 그럴 염려가 조금은 줄어들 것 같다. 상쾌한 바다 공기를 마시며 친구들과 어깨를 나란히 하고 좌판에 늘어선 다양한 장난감을 보고 낄낄거리거나 음식을 사서 입에 넣기도 하고 오가는 많은 사람들과 함께 주머니에 양손을 넣은 채 어슬렁거린다는 것은 자유 중 최고의 자유라는 생각이 든다. 젊을 때는 자유만으로도 충분히 즐거우니까! 상상만 해도 즐거운 일이 아닐 수 없다.

이런저런 생각을 하며 해양공원 입구로 들어서니 야외극장이 보인다. 영화를 상영하는 실내극장이 단 한 군데밖에 없는 블라디보스토크에서 극장표를 구하지 못한 젊은이들이 영화를 체험할 수 있는 유일한 장소이다. 비록 10여 년쯤 지난 영화가 단골로 상영되고 있지만 수많은 연인들이 바다를 배경으로 널찍하게 서 있는 스크린을 향하여 길다랗고 하얀 목을 내밀고 있다. 스크린 양 옆의 큰 스피커에서는 효과음과 함께 쉴 새 없이 대사가 이어지고 스크린에는 러시아어 자막이 보인다. 조용한 바람 소리를 뚫고 퍼지는 영화 대사가 무척이나 감미롭게 들려온다. 블라디보스토크 청춘들은 아직 충분히 어둡지 않은 상태라 자막이 잘 보이지도 않는데도 모두들 영화에 흠뻑 빠져 있다. 그런 연인들 사이에 자리를 잡고 앉았다. 다행히 의자는 나무로 되어 있어서 그리 나쁘진 않았다. 영화를 보는 그들을 보는 내 자신이 어색해져 잠시 후 자리를 떴을 뿐이다.

해양공원 광장으로 내려오니 광장 전체에 퍼지는 음악이 귀에 익숙하다. 이것은 바로 한국 여자가수가 번역해서 불러 꽤나 유명해진 '백만송이 장미(Million Alych Roz)'! 맞아 이 노래가 러시아 민요급 노래라고 했다. 익숙하다는 것이 이렇게 반갑다는 것을 깨달으며 무척이나 가벼운 발걸음으로 광장으로 내려왔다.

이때 더욱 나를 감동하게 만든 것은 오가는 사람들 중에 한 쌍의 연인이 이 노래에 맞추어 춤을 추고 있다는 사실이다. 해변에 흐르는 낭만적인 노래에 따라 두 사람이 추는 춤사위에 지나가던 모든 사람이 숨을 죽이고 바라보고 있다. 때론 우아하고 때론 급격하게, 두 몸이 밀착하나 싶다가 손만 걸친 채 멀어지고, 그러다가 다시 가까워져 두 발이 하나의 축으로 회전한다. 보이지 않는 바람의 물결을 따라 머리를 길게 흩날리며 남자의 어깨에 가느다란 손을 걸치고 있는 여인과 음악을 우아하게 가르는 구두의 리듬을 타고 검은 드레스를 걸친 홀쭉한 허리를 맘껏 당기고 있는 단 한 명의 사내. 세상 어느 춤이 이보다 멋질 수 있을까? 검고 흰 두 마리의 나비가 블라디보스토크의 가느다란 바닷바람을 맞으며 천상의 날갯짓으로 우리를 단박에 황홀하게 만들고 말았다. 마치 저 상대편 남자가 된 것처럼 내 몸은 이미 춤을 추고 있었다. 하지만 내 손을 맞잡고 있어야 할 곱고 향기로운 여인의 손이 없다는 사실에 외로움이 증폭된다. 노래가 끝나면서 두 연인의 춤사위도 멈추었지만 내 눈엔 그들의 모습이 계속 보인다. 아! 이 얼마나 오랜만에 맛본 인간의 아름다움인가? 아낌없는 내 박수가 두 연인의 귀에 닿도록 힘껏 쳐주는 것으로 아쉬운 마음을 달래본다.

짧은 일정 탓에 여행가방 안에다가 호텔 룸에 마구 널부러져 있던 옷들을 구겨 넣고 기차역을 향해 발걸음을 옮겼다. 길은 역사 위에 육교를 만들어 바닷길로 이어지고 이 육교를 통해 승강장으로 내려올 수 있도록 되어 있다. 내가 발견한 포토존은 이 육교에서 철로와 블라디보스토크 역을 바라보는 곳이다. 머릿속으로 구상한 장면이 연출되도록 근사한 러시아 미녀가 지나가기를 10여 분 기다렸을 때 바람에 나부끼는 긴 치마를 두른 여인이 건너오고 있다. 앵글을 맞추고 조리개를 조였다. 조금만 더 걸어오면 그림이 되는 순간, 블라디보스토크 날씨가 훼방을 놓고 만다. 갑자기 바람이 머리 위로 불어와 순간 여자의 머리가 얼굴을 가려버린 것이다. 아, 블라디보스토크는 사람뿐만 아니라 날씨와도 친해지기가 쉽지 않구나!

기차를 탔다. 블라디보스토크에서 1시간 정도 걸리는 우골라야라는 곳까지, 왼편으로 펼쳐지는 바다를 바라보며 완행열차의 승객들 모습을 천천히 살폈다. 외국인이란 호기심을 유발하기에 충분하지만 역시 불편한 존재임에는 틀림없다. 말이 안 통하니 답답하기는 서로 마찬가지겠지. 서너 정거장 지나니 40대로 보이는 아주머니 한 분이 장바구니를 들고 내 곁에 타서는 이내 장바구니 안의 화초를 들여다보고 잎새 하나하나를 손으로 정성껏 펴준다. 집 안에서 키울 생각으로 시장에서 사오는 모양이다. 이름은 알 수 없지만 화초 하나를 그렇게 살뜰히 살피는 모습이 무척이나 아름다워 보인다. 서양 여자들은 투박할 것이라고 여겨 아기자기하게 집을 가꾸고 살 것이라는 생각은 전혀 하지 못했었다. 그러나 유럽 여행을 하면서 가족을 위해 섬세한 손길로 집안을 예쁘게 꾸미고 있는 것을 보면서 생각이 바뀌었다. 오늘 산 화초를 집 어디엔가 두고 잘 키워 가족들이 기뻐하는 모습을 상상하며 행복해하는 듯하다. 바닥에 장바구니를 내려놓더니 신문을 펼쳐 든다. 신문에 있는 낱말 맞추기라도 할 모양인데, 거의 신문 한 면에 걸쳐 퀴즈 같은 낱말 맞추기가 있는 것으로 보아서 요즘 대유행하고 있는 것 같다. 한때 스도쿠가 우리 지면을 차지했던 것처럼. 그러나 불행하게도 볼펜이 말썽을 부려 신문에 몇 번이나 휘갈겨 써도 나오질 않는다. 나는 가방에서 몇 개의 펜 중 비교적 상태가 좋은 것으로 하나 건네주었다. 블라디보스토크 여행에서 유일하게 현지인과 소통한 인간미 넘치는 순간이다. 고개를 끄떡여 가볍게 예를 표하고는 아주머니는 낱말 퀴즈를 풀어나간다.

러시아어는 로마자를 거꾸로 그린 것과 비슷한데 필기체는 의외로 아름다웠다. 러시아어가 예쁘다니 언뜻 안 어울리지만 숱한 예술과 문학의 거장을 길러낸 언어 아니던가? 글씨의 구조적·심미적인 면이 작가에게 어떤 역할을 하지 않았을까? 한글이 과학적이긴 하지만 외국인의 눈으로 볼 때 모양이 과연 아름답다고 할지 모르겠다. 물론 그 아주머니가 글씨를 아주 잘 쓰시는 분이었는지도 모르겠지만. 어느 역에 다다르니 건너편 아주머니가 자리에서 일어나서 바깥을 열심히 살펴본다. 그러더니 손짓을 하며 친구 같은 다른 아주머니를 만났다. 둘은 볼 키스를 주고받더니 이내 트럭으로도 실을 수 없을 만큼 엄청난 러시아말을 쏟아 낸다. 아, 신이여! 당신은 동서양 차별을 두지 않으셨군요. 화색이 돈 러시아 아주머니를 보니 얼마 전 디카프리오가 주연한 영화 '위대한 캐츠비'가 생각난다. 저 여인들도 사랑을 따라 때론 용감해질 수 있으며 결정적인 순간에 사랑을 포기하고 현실을 쫓아갈까? 저 여인들의 남편도 데이지 뷰캐넌의 남편처럼 그렇게 관대할까? 하긴 영화를 현실에 대입하는 이 우매함을 어찌할꼬!

내릴 때가 되었다. 밤새도록 낱말 맞추기에 전념할 것은 아닐 텐데 아주머니는 이방인에게 눈길 한 번 주지 않고 곰곰이 생각하며 빈칸을 채워 나가고 있다. 펜을 그냥 쓰시라고 주고 싶은데 어떻게 표현해야 하나, 준다면 오히려 화내지 않을까 하는 걱정을 하며 가방을 들쳐 맸다. 아주머니는 펜을 내게 내민다. 나는 손사래를 치며 가지라는 표정을 지어 보였다. 아주머니는 가벼운 미소로 받아들인다. 잠시 걱정한 순간이 이렇게 지나가 버렸다. 우리의 걱정이란 것이 얼마나 우매한 뇌의 부조리인가? 존재 자체가 불안한 뇌는 수시로 걱정 메커니즘을 작동시키고 우리는 한동안 불편해하니 말이다. 뇌야, 미리 걱정하지 말고 일단 부딪치고 보자.

우골나야는 아주 작은 시골 마을이다. 마을의 가운데는 기차역과 버스 정류장이 자리하고 있으며 구멍가게 두 개가 덩그러니 놓여 있다. 전날 들이킨 보드카 때문에 갈증이 밀려와 진열된 비슷하게 생긴 여러 생수 중 하나를 고르니 안에 있는 냉장고에서 꺼내 준다. 아뿔싸. 탄산수를 고르고 말았다. 칫솔을 사려고 이를 닦는 시늉을 하니 건너편 가게로 가란다. 두 개의 가게가 서로 판매 품목을 나누어 사이좋게 장사하고 있는 모양인데 완벽한 독점체제이다. 하긴 조그마한 마을에서 나름대로 합리적인 일종의 분업체제겠지.

여기에서 우스리스크까지 가는 버스에 올라타서 조그마한 시내를 벗어나니 이내 비포장길이 나타난다. 비가 온 지 얼마 지나지 않아서 걱정했던 것보다 흙먼지는 일어나지 않는다. 뽀얀 흙먼지를 일으키고 멀어져 가는 버스를 바라보는 시골 풍경을 머릿속에 그리자 어릴 적 신작로의 기억과 느낌이 연기처럼 수시로 떠올랐다가 사라지곤 한다.

두 시간 남짓 달린 버스는 오늘의 목적지인 우스리스크에 도착했다. 우스리스크는 블라디보스토크에서 한국 국경 쪽에 근접

한 도시로 예전부터 한국인과 중국인 그리고 러시아인이 고루 섞여 살고 있는데 특히 한국인이 다른 곳에 비해 많이 거주하고 있다고 한다. 실제로 16만여 명의 인구 중 고려인이 4만 명 정도 라니 연해주에서 가장 높은 인구 비율을 차지하고 있는지도 모른다. 100여 년 전 구한말과 일제강점기 동안 독립운동의 전초기지의 역할을 담당한 도시에 오니 아직도 그때의 기백과 절박함이 남아있는 것만 같다.

우스리스크에 도착하여 가장 먼저 찾아간 고려인문화센터! 한국에 연해주 동포의 존재가 알려진 후 발 빠른 사기꾼님들이 먼저 다녀가시고, 그 후 나빠진 고국에 대한 인식을 바꾸려 러시아 정부와 합작으로 세웠단다. 사기꾼의 노략질에 허망하게 당하고도 조국이 무엇이라고 가슴에 끌어안고들 살고 있는지 고려인 2, 3세가 되지 않고서는 감히 상상조차 하기 힘든 가슴의 멍이 자리하고 있으리라. 2층으로 조성된 역사관에는 고려인의 고단했던 삶을 그대로 기록하고 있다. 망해버린 조국에서 도망쳐 굶주림과 추위 그리고 억압과 차별, 늘 죽음을 목전에 두고 내일을 장담하지 못한 채 잠들곤 했던 거칠고 험한 삶의 무게를 어떻게들 견디고 사셨을까? 그러나 만주 벌판을 호령하던 그 기백으로 러시아 땅에서 고려의회정부를 여기에 먼저 세웠고 임시정부 또한 이곳에 세웠었는데 일제의 탄압으로 나중에 상하이로 옮겼다고 한다.

전시관 벽면에 항일영웅 59분의 초상이 환한 조명 아래 계신다. 한 분, 한 분 살펴보며 그저 감사한 마음뿐! 질기고 질긴 생명력으로 버티고 버텨낸 독립운동가의 길. 어려운 시절 숙명처럼 태어나 불꽃처럼 조국을 위해 모진 고난 속에 목숨마저 바친 우리의 영웅들. 숙연한 마음에 모자를 벗고 손이 모아진다. '정말 고생 많으셨습니다. 고맙고 감사합니다.'

나라를 잃은 것 같은 우울한 기분과 감사한 마음이 교차된 채 밖으로 나오니 고려인문화센터 앞마당은 야외 결혼식이 준비되고 있었다. 고려인 후손들이 이 장소에서 혼례를 올린다고 하는데 그 의미가 매우 남다를 것 같다.

다른 이야기이지만 M선생님으로 불리는 연해주 마피아의 대부는 여러 가지 사업으로 부를 축적하고 있는, 한인들의 중심인물로 고려인의 발전을 위해 힘을 쏟고 있다고 한다. 우리가 영화에서나 뉴스에서 흔히 접했던 마피아 사업은 주로 마약거래나 호텔 주변 술집 또는 도박 같은 것으로 알고 있었는데 연해주의 대부는 어떨까 사뭇 궁금해진다. 가이드의 말로는 차량을 매매하고 여러 가지 공장 등을 운영하고 있다는데 이 말을 진심으로 믿고 싶어진다. 더구나 고려인 사회를 위해 헌신한다고 하지 않는가? 또한 러시아인을 포함한 마피아 조직에서 고려인이 넘버원! 대부라는 사실에 괜시리 어깨가 들직해져 오는 것을 느낀다.

일요일인 우스리스크의 거리는 한적하고 중심가임에도 오가는 사람이 눈에 잘 띄지 않는데 아마도 여유로운 삶을 즐길 줄 아는 유럽스타일을 따라 이미 교외 별장으로 대부분 휴가을 떠났을지도 모르겠다는 생각이 든다.

마침 점심시간이어서 중심가에서 제법 크고 식당 앞에 메뉴판도 맛있어 보이게 전시한 곳에 자리를 잡았다. 식당 안에는 여러 명의 손님이 저마다 커다란 식판을 들고 줄을 서서 이미 만들어진 먹거리 중 먹고 싶은 것을 골라 담은 후 카운터에서 계산하고 자리에 앉아 식사를 하고 있었다. 밥맛이 날 것 같은 좋은 자리는 이미 동이 나서 할 수 없이 술을 파는 카페테리아 앞에 앉았다. 그 곳에는 이미 서너 명의 러시아인이 대낮부터 맥주인지 음료수인지 알 수 없으나 여자 종업원과 시시덕거리며 주말을 즐기고 있다. 러시아어를 읽을 수 없으나 눈치를 보니 생맥주 그림이 새겨진 배너가 보이고 가격도 쓰여 있다. 오늘 점심은 굵직한 야생 닭다리와 함께 생맥주를 먹을 수 있다는 반가운 생각에 군침이 돌기 시작한다. 우리는 치맥이라고 하는 기름에 튀긴 닭살과 생맥주를 즐겨 먹곤 하는데 우스리스크에 와서 맛볼 줄이야! 예쁘장한 금발의 여자 종업원에게 손으로 배너의 생맥주 그림을 가리키며 주문했다. 주문을 받았으면 컵을 준비해서 생맥주통에서 따라주면 될 것을 이 여자는 무어라고 계속 말을 하고 있다. 알고 보니 아직 숙성이 덜 되어 팔 수가 없다는데 아쉽게도 머릿속으로 한참 기대했던 맛있는 점심이 저 멀리 사라지는 순간이다.

식사 후 독립운동가인 이상설 열사의 유허지로 향했다. 유허지란 말 그대로 러시아 정부에서 승인한 기념비이다. 우리가 잘 알고 있듯이 이준 열사는 현장에서 자결하시고 이상설 열사는 한양이 아닌 연해주로 돌아와 성명회와 권업회를 조직하여 항일 투쟁을 이어 나가셨다. 그 위대한 분의 기념비가 지금 내 눈앞

에 있다. 힘이 없어 어쩌지 못하고 얼마나 답답해하셨을까? 지금
은 우스리스크 변두리에 우두커니 서서 가끔 찾아오는 후손을
만나고 있다. 누가 가져다 놓았는지 국화꽃 몇 송이가 위로하고
있다. 위대한 님을 추모하는 발길이 영원히 자주 끊임없이 이어
지길 기대해본다.

이번에는 또 한 분의 독립운동가 최재광 선생님 생가를 찾았
다. 당시 연해주에서 엄청나게 부자셨다는데 아마 요즘 말로 구
세주 위에 있다는 건물주 아니었을까? 그러나 모든 재산을 독립
자금으로 운용하시고 직접 독립운동까지 하셨단다. 그 자료를
아직까지 우리 정부는 인수할 생각이 없는지 후손이 모스크바
에서 아직 보관하고 있다고 한다. 더 늦기 전에 찾아야 할 우리
독립역사를 부지런히 발굴해야 하는데, 해방 70년이 넘어서도
역사학계와 정부는 아직 여기까지 신경 쓸 여력이 없나 보다. 아
니면 잿밥에만 관심이 있거나! 생가는 현재 러시아인이 살고 있
어서 아쉽게도 내부는 공개되지 않는다.

우스리스크에서 버스를 타고 얼마쯤 왔을까, 고려인의 강제이
주가 있었던 라즈돌리예 역에 도착했다. 산 사람은 살아야 한다
는 말처럼 역 주변에서는 먹는 음식을 파는 장사꾼들이 먼저 우
릴 반긴다. 찐 옥수수와 이 동네에서만 유통될 듯한 빵이 있는
데 그럭저럭 입맛을 만족시켜준다. 이 역에서 어느 날 갑자기 총
칼을 들고 고려인들을 모아 중앙아시아로 강제 이주 시켰다는
데, 이미 터를 잡고 있던 고려인들의 반항을 의식해서 지식인이
나 지도인사 등 무려 1,000여 명을 본보기로 살해했다고 한다.

킬링필드가 따로 없다! 캄보디아의 킬링필드 이야기를 접했을 때 반인류 행태에 어떻게 그럴 수 있느냐고 분개했지만, 막상 우리 선조가 그렇게 당했다고 하니 순식간에 피가 눈에 쏠려온다. 그때가 1937년 9월. 보따리를 들고 목적지가 어딘지도 모른 채 기차에 몸을 실은 그들은 추위와 굶주림으로 이주 첫 해와 둘째 해 동안 거의 1만 7,000~1만 8,000명 정도가 사망했다고 한다. 먹먹해진 마음으로 그들이 떠났던 플랫폼을 바라보니 그날의 처절했던 운명들이 눈앞에 펼쳐진다. 그날의 역사를 기억하는지 못하는지, 아무런 소리 없이 밀려오는 햇살이 얄궂기만 하다.

우리 일행을 태운 버스는 해안가 길을 통하여 연해주의 관문인 블라디보스토크 공항으로 향한다. 비가 내리지는 않지만 여전히 하늘은 구름으로 포장하고 가끔 뚫린 바람구멍으로 새하얀 빛줄기를 쏘아줄 뿐이다. 파도가 센지 흰 포말이 멀리에서도 보인다. 바람에 촛불이 사그라지듯 잠깐의 여행이었지만 우리 선조들의 아픔이 절절이 배여 있기에 진한 느낌은 여느 여행지에 결코 뒤지지 않는다. 역사와 문화를 중심으로 볼거리가 풍성한 이곳 연해주에 우리 민족의 시원지라는 바이칼 호수를 가기 위해 어쩌면 다시 한 번 찾아올 기회가 있지 않을까?

Shanghai
Hangzhou

china

운명 같은 사랑일랑 가거라.
나는 내 삶을 쫓아가련다.

50시간,
초간단 여행하기

11월 중순. 올해도 벌써 나무에 매달려있는 나뭇잎보다 거리로 쏟아져 아무렇게나 뒹구는 낙엽이 많아졌다. 언젠가 출근하다가 차를 세워놓고 이리저리 쓸려 다니는 낙엽을 보고 한참이나 멍하니 바라보았던 기억이 난다. 왜 그랬을까? 봄을 심하게 타는 여자들은 이불 속에서 눈이 부을 정도로 울기도 한다는데 가을에 난 어떻게 해야 하는 걸까?

무려 5년 전에 유럽여행을 같이 했던 몇 사람이 올해 만추를 항저우 서호에서 보내자고 한다. 그것도 주말을 이용해서 말이다. 금요일 밤 비행기로 출발해서 일요일 밤에 도착하는, 마치 대통령 순방처럼 짜인 빠듯한 일정을 생각만 해도 벌써 숨이 가빠지는 것 같다.

퇴근 후 허겁지겁 저녁 여덟 시 비행기로 두 시간쯤 날아 오니 상하이 로컬타임 아홉 시! '시차란 이렇게 고마운 거야.'라고 읊조리며 푸동공항을 나섰다. 상하이란 대도시에서 불금을 보낼 생각에 호기심과 함께 자유로운 호르몬이 마구 분출된다. 다행히 밤 아홉 시 반쯤에 출발하는 거의 막차일 듯한 자기부상열차를 탈수 있었다. 이 열차를 타면 일반 지하철을 타는 것보다 족히 한 시간은 절약할 수 있어서 상하이에서의 야간 투어 시간이 그만큼 길어진다. 편도 50원인데 당일 항공권을 보여주면 두말없이 10원 깎아주는 센스쟁이. 탑승 후 겨우 10분 정도 지나면 종점에 다다르고 지하철 2호선으로 갈아타서 난징동로에 도착! 와이탄으로 직행할 생각이다. 기다려라, 상하이의 밤이여! 싱그런 가슴을 갖고 있는 상하이의 미인들이여! 잠시 후면 홍콩 같은 멋진 야경이 펼쳐지리라.

사람들이 많이 찾는 유명한 장소라도 어두워진 외국 거리에서 목적지를 찾아 간다는 것은 역시 쉬운 일이 아니다. 달랑 두 개뿐인 팔을 마치 여덟 개인 것처럼 펼쳤다 오므리기를 수차례. 우리는 드디어 와이탄에 도착했다.

아, 약간 어둑한 조명 아래 상하이 신여성은 언제부터 나를 기다리고 있었을까? 실루엣 같은 하얀 드레스를 발목까지 갖추어 입고 말아 올린 머리와 매끈한 턱선으로 거리를 응시하고 있는 너는 누구란 말이냐? 1920년대 모던한 스타일이 사교계를 휩쓸때 팔뚝을 덮은 검은 토시 아래로 긴 담배를 품어내면 이름 모를 숱한 남자들은 숨이 그만 넘어가고 말았었겠지.

밤의 멋진 장소는 역시나 연인을 비롯한 젊은이들과 여행객차지, 와이탄도 마찬가지이다. 야경을 보려고 지하철보다 20배는 비싼 부상열차를 타고 왔지만 동방명주를 비롯한 푸동 쪽 건물 대부분의 조명이 별빛처럼 점차 사라지고 있었다. 진한 아쉬움에 멀리서 찾아온 나그네는 어둠 속으로 동공을 넓혀보지만 가끔 지나가는 뱃고동 소리가 가슴을 더 허탈하게 만들고야 만다.

그러나 어두움 자체를 축복으로 여기는 연인은 페로몬을 아낌없이 발사하며 가까이 더 가까이, 어떻게 저렇게 가까워질 수 있을까? 감미로운 전율에 경이로운 근육의 떨림이 수없이 반복되는 두 연인을 난 왜 굳이 카메라에 담아내고야 말았을까?

배낭조차 무거운 듯 축 처진 몸으로 호텔로 스며든 우리는 여행 첫날밤의 애주 의식을 치른 듯 만 듯 하고서 깊은 잠에 빠져들었다.

상하이 역 부근에 위치한 호텔에서 필요한 칼로리를 배에 담은 우리는 사람들이 많이 모일 것 같은 인민공원으로 향했다. 해님이 본격적으로 박차 오르기 전이지만 토요일이어서 그런지 인민공원으로 향하는 길은 사람들로 붐벼오기 시작한다. 역시 인구대국! 오가는 사람들에게 도무지 초점을 맞출 시간이 없을 정도로 시끄러운 흐름이 끊이질 않는다. 이제 현대화된 중국에서 대국 특유의 만만디와 한적함을 찾아보기란 깊고 깊은 산골에서나 가능할 것만 같다. 경보 수준의 발걸음은 인민공원 입구에 들어선 이후에야 평상 속도를 되찾을 수 있었다. 꽃으로 잘 조성된 길을 따라 가니 언젠가 TV에서 보았던 풍경들이 펼쳐진다. 결혼 적령기를 둔 부모들이 자식들의 프로필을 적나라하게 까발려놓고 혼처를 구하는 문화가 재미있게 펼쳐져 있다. 간자체로 화면 가득 적어놓은 종이판에서 우리가 겨우 알아볼 수 있는 정보라고는 성씨 하나뿐이지만 그들은 서로 맞추어보고 질문도 하면서 의미 있는 수다를 이어가고 있다. 자식들이라도 성인이면 자기들이 알아서 할 텐데 여기나 거기나 부모 욕심은 끝이 없어 보인다. 상하이만의 결혼 적령기 임계가 있는지 바싹 조바심이 난 듯한 얼굴을 한 아주머니는 판을 두 개나 펼쳐 놓고 누군가를 기다리고 있다. 이래저래 고단한 삶이로군!

시간은 부족하고 주요관광지를 보긴 보아야겠고, 이럴 때 찾게 되는 시티투어 버스, 하루 패스권이 30원이다. 푸서가 1호선, 신시가지 빌딩숲 푸동이 2호선, 1호선을 타면 주요 뷰포인트는 다 볼 수 있다. 빨간 투어버스 2층은 오픈카인데 생각보다 바람이 씽씽 불어온다. 덩달아 우리 기분도 베리 굿! 주위 건물과 지나가는 사람들을 바라보며 구경 삼매경에 빠져 있는 우리에게 'I LOVE SANGHAI'라는 붉은 심장의 심벌이 보인다. 맙소사! 아무리 카피로 재미를 보았다지만 어떻게 도시의 상징마저 뉴욕을 복사했을까? 세계의 중심 중화민족이라는 자부심은 도대체 어디에 있단 말인가? 세계의 공장이 되어 블랙홀처럼 달러를 빨아들이고 있지만 문화만큼은 어려운 모양이다.

상하이 중심 중의 중심, 난징동로에 내리니 주말인 것이 실감난다. 마치 전쟁이라도 나서 상하이 인민 모두가 피난하기 위해 난징로로 나온 듯하다. 어쩔 수 없이 우리는 사람구경 하면서 터벅거렸다. 다행이라면 11월 여행 비수기라 한국 사람이 전혀 보이지 않아 완전한 이방인이 된 기쁨이 추가된 것 뿐. 아무튼 명동과 비슷한 분위기지만 엄청나게 크고 긴 길을 사람으로 꽉 채울 수 있는 중국의 힘!

　반면 우리나라는 저출산에 대한 우려가 심각해서 멀지 않아 실질적 인구가 줄어들기 시작한다고 한다. 이상한 것은 저출산 현상이 이미 오래 전부터 진행되어 취업을 원하는 사람들의 숫자가 줄어들고 있을 텐데도 무지막지한 취업전쟁을 치르고 있다는 현실이다. 이 부조리한 현상을 어떻게 설명할 수 있을까? 고용 없는 성장이 저주로 다가와 일반 서민은 연명 수준에서 생활하고, 대기업을 비롯한 상위 5% 이내만 행복한 대한민국이 되어가고 있지 않나 싶다. OECD 국가 중 빈부격차 2위라는데 부자의 탐욕이 언제쯤 멈추고 모두가 나누어 먹고 같이 살아가는 상그릴라가 펼쳐질 수 있을까? 오랜 유교 문화로 가문을 중시하는 분위기가 팽배하여 나만, 우리 가족만 잘 먹고 살면 된다는 의식이 깊게 자리하고 있어서 아주 요원한 일임이 아닐 수 없다. 몇백 년쯤 후에 한민족도 한글도 사라질 것이라고 하는데 과연 우리를 그곳을 향하여 부지런히 가고 있는 것일까?

　오후에 항저우로 가는 열차를 타기 위해 상하이 홍차오 역으로 향했다. 티켓 창구를 중심으로 여기도 사람천지. 앞으로 주말에 중국으로 여행 오는 것은 고민해보아야겠다. 피곤한 다리를 주무르며 30분 넘게 줄을 선 후에야 창구에 이르러 말없이 예약번호와 여권을 주니 직원 역시 말없이 여권번호를 시스템에 입력하고, 왕복표라 되돌아오는 표까지 뽑아준다. 아직 개인정보의 소중함과 보호에 대한 개념이 부족한 탓인지 작은 표딱지에는 이름은 물론 심지어 여권번호까지 이런저런 정보가 빼곡하게 적혀 있다. 그러고 보니 중국 기차 첫 경험이다. 첫 경험이 주는 설렘을 쉽게 잃고 싶지 않아 불쾌한 기분을 약간 누그러뜨리고 주변을 살펴보았다. 족히 20량쯤 연결된 차량 사이는 개문되어 있어서 오히려 시원해보이고 실내는 우리 KTX보다 넓어 보인다. 좌석제라 그런지 다행히 정해진 인원만 자리를 채운 화차는 서서히 상하이를 뒤로 보내고 있었다. 상하이 중심가를 벗어나도 한참이나 이어진 부도심들, 여기저기 집이며 건물이며 상하이는 여전히 팽창 중인 중국의 뉴욕이 맞다.

중국 시인 이태백이 호수에 떠있는 달을 잡으려가 그만 빠져 죽었다는 항저우 서호가 이번 여행의 최고 목적지이다. 상하이에서 한 시간 조금 더 걸렸을까? 거의 300㎞ 속도를 자랑하며 달린 열차는 우리를 항저우 역에 내려 주었다. 대륙의 가로 세로 길이가 긴 만큼 고속철도의 시설은 아주 잘되어 있고 쾌적하기까지 하다. 항저우 역에 내리니 사방은 어둑어둑해지고 싸구려 네온사인이 껌뻑거리며 눈을 뜨려고 한다. 호텔이 역 주변에 있어서 체크인을 재빠르게 하고 주린 배를 채워줄 식당을 찾기 위해 호텔 프런트에 정보를 요청했다. 다행히 오늘밤 근무조에 편성된 직원은 항저우에서 가장 큰 식당을 알려주었는데 과연 대형 연회라도 여는지 먹기 위해 투쟁하는 듯한 중국인들이 꽉 차 있었다. 대기표를 받고 얼마를 기다렸을까, 뱃속 깊은 데서 신음 소리가 새어나올 때쯤 우리 이름을 부르는 청량한 마이크 소리가 들려온다. 둥근 테이블을 마주하고 앉은 우리는 미지의 음식에 대한 약간의 두려움을 모험심으로 바꾼 후 자기의 둥근 배만큼이나 엄청난 음식을 시켰다. 여기는 중국. 당연히 고량주도 잊지 않았다. 달빛 물든 서호를 찾아 가는데 이태백처럼 술기운이 온몸을 지배하는 것이 예의라는 생각에 너도 나도 고량주병을 잡고서 흔들기 바빴다.

일행이 여섯 명이어서 택시를 잡으려고 하는데 도무지 보이지를 않는다. 대신 늘어선 소위 나라시 아저씨들이 슬금슬금 다가오더니 유창한 사성 콧소리를 해댄다. 아마 어디 가느냐고 묻는 것 같아 '서호'라고 말하고 가격 흥정을 시작했다. 이 불량스런 아저씨들이 눈을 부라리면서 외치는 건 무려 100원, 지도를 보니 걸어가기에는 약간 부담스러울 정도인데 무려 100원이란다. 우주선 요금을 내라는 미친 나라시와 흥정할 가치를 느끼지 못한 우리는 택시를 찾았다. 놀라운 건 우리를 향해 오던 택시가 이 무지막지한 나라시 아저씨의 주먹 흉내에 뺑소니치듯 달아난다는 것이다. 이게 무슨 상황일까? 택시를 탈 수 없는 운명에 처해진 우리는 이 말도 안 되는 조폭 같은 상황에 결코 굴복할 수 없어서 길 건너편 시내버스를 주시했다. 마침 기차역이라 대부분의 시내버스가 역을 중심으로 회차하고 있었다. 정류장에 가니 조폭 아저씨와는 비교조차 할 수 없을 정도로 상냥한 아주머니가 손가락 하나를 들어 1원이면 갈 수 있고 몇 번째 내리라고 알려준다. 마침 도착한 시내버스를 향하여 손바닥으로 올라가라는 사인을 주신다. 그날 이후 항저우에 머무는 동안 1원의 행복을 만끽할 수 있었다.

그리하여 어렵게 찾아온 서호의 밤! 홍분이 몰려온다. 이태백이 즐겨 찾던 호수 아니던가? '달아 달아 밝은 달아 이태백이 놀던 달아~' 달을 찾았다. 달아달아 서호 달아… 아뿔싸! 달은 있는데 새끼손톱만 하게 호수까지 내려오지도 못하고 나무에 걸려 버렸다. 탄식이 터져 나온다. 언제쯤 제대로 호수에 내려 앉아 사람 마음 울렁거리는 모습으로 비칠 생각일까? 나는 과연 그것을 볼 수 있을까? 이태백이 그립구나! 맑은 술잔에 달빛을 받아 세월을 얻고자 했거늘 시심이 온전치 못한 나는 끝내 외면받고 말았다.

밤이라 위험해서 그런지 배 운행도 하지 않는다. 배를 타고 호수 중심으로 나아가면 어쩌면 비슷하게라도 흉내 낼 수 있을 지도 모르는데 말이다. 아쉬움 속에 서호 주변을 맴돌기 시작한다. 몇 년 전에 왔을 때보다 서호 주변은 깨끗하게 정돈되었고 시민들이 즐길 만한 것들이 가득 채워져 있어서 놀러 나온 많은 사람들이 우리를 심심하지 않게 만들었다. 사람 따라 음악소리 따라 걸으니 분수쇼가 펼쳐지는데, 중국 전통노래인 듯한 음악에 맞추어 서호 물이 춤추고 사람들은 스마트폰을 통해 구경하고 있다. 우리는 아침 일찍, 서호의 일출도 볼 만하다는 안내장을 믿고 1원어치 되돌아왔다.

1원짜리 동전으로 든든하게 주머니 가득 채운 우리는 아침 일찍 서둘러 다시 서호로 향했다. 안개가 살짝 피어오르는 서호에는 봄과 여름 동안 벌인 연꽃의 향연이 멈춘 듯 고개 숙인 군상이 가득하고 사방은 고요하다. 서호 가장자리를 따라 만들어진 산책로를 따라 천천히 걸으며 일출을 사뭇 기다렸으나 어느 순간 산허리에서 도심을 거쳐 올라가 버리고 만다. 낚였구나! 일출이 장관이라는 안내장은 서호 주변 장사치들의 농간이 아니었을까? 그러나 우리는 아침 일찍 서호가 품고 있는 풍경으로 힐링이라는 단어를 떠올린다. 세상살이가 바빠지고 팍팍해져 어느 순간 힐링이라는 단어가 검색어 1위를 차지하기도 했었고 이때를 틈타 수많은 힐링업체가 난무하고 있다. 어쩌면 힐링에 묻혀버린 자아는 힐링에 대한 욕구와 불만족으로 오히려 더 힘겨워하는지도 모르겠다. 적당한 스트레스와 적절한 힐링, 누구나 다 아는 장수 비결인데 왜 그렇게 하기 힘들까? 이른 아침의 서호는 오가는 사람들에게 알파파와 델타파를 아낌없이 쏟아내고 있었다.

서호 옆 자그마한 공터에는 아직까지 잠들어 있을 청춘들 대신 회춘을 바라는 노인들이 줄지어 가득하다. 늙어지면 뼈마디도 굳는 법! 음악에 맞추어 연신 내젓는 손과 발은 서호 주변의 능수버들처럼 유연해보인다. 그들의 쇼 무대에 맞추어 나도 손짓을 해보았으나 일행의 비웃음만 들린다.

눈을 돌려 서호를 바라보니 멋진 나무 한 그루가 우두커니 서 있다. 엽서 그림이 될 것 같아 카메라를 꺼내 들었는데 나무 밑에 계신 두 할머니의 대화가 도무지 끝낼 기색이 없다. 이른 아침부터 할머니의 수다가 서호에 가득하여 배를 타고 노를 저었다면 서너 번은 족히 왕복했으리라. 한참을 기다리니 할아버지 한 분이 그 곁을 무심히 지나가신다. 서호 물과 나무 한 그루 그리고 할머니 두 분과 지나가시는 할아버지 한 분, 그날 내 사진의 주인공들이 되셨다.

상하이에서 열차를 타고 항저우에 온 유일한 목적은 서호에서 시인처럼 노니는 것이었는데 낭만을 찾지 못한 채 다시 상하이로 귀환하고 말았다. 우리 기분을 위로하려는지 상하이는 11월인데도 아직 따뜻한 공기를 머금고 있고 하늘은 파란 속을 해를 향해 활짝 드러내고 있었다. 오늘은 지하철 하루 패스권을 사서 시간이 허락하는 동안 부지런히 돌아다닐 생각이다. 상하이의 여행 중심지는 난징로, 여기서 와이탄이 800m, 예원이 1,200m, 인민광장이 700m 정도이며 상하이 시민을 비롯하여 각국에서 온 여행객들을 만날 수 있는 곳이다. 배가 고파졌다. 어제 신천지에서 식당을 찾다가 엉겁결에 들어간 일본 음식점에서 밥 위에 얹힌 삼겹살 조각을 보고 아연실색했던 절망적인 기억이 해마에 찐하게 남아있던 터라 오늘은 제대로 된 중국 로컬 식당을 찾았다. 난징로 주변 골목의 지하에 있는 면 종류를 주로 파는 식당인데 좀 유명한지 주인장이 잡지에 난 사진을 보여준다. 우리나라는 장터국수 달랑 한 가지인데 여긴 국수 종류가 몇 천 가지는 될 듯하다. 음식 이름은 잘 모르겠으나 주인장과 잡지가 강추한 대표 메뉴를 골라 토핑을 얹어 먹으며 후회 없는 점심을 즐겼다.

예원은 입구부터 역시 인산인해, 그 많은 사람들을 고풍스런 목재 건물들이 높다랗게 에워싸고 있다. 예원을 아직 보지 못한 일행을 들여보내고 난 거리에서 시간을 보내기로 했다. 예원 입구 밖 연못 위에 이어진 좁은 길은 1분이면 족히 걸을 길인데 거의 20분은 걸린 것 같다. 되살아나는 만원버스의 추억, 출근길

지옥철, 어린 시절 입석으로 정신이 혼미해질 듯했던 시외버스. 나 여기 왜 온 거야? 고색창연한 건물 1층에 돈 다방이 보인다. 쉬어갈 요량으로 적들을 뚫고 전진했으나 이미 만석이어서 흘러나오는 커피 향기로 만족해야만 했다.

일행을 만나 인산인해를 빠져 나온 우리는 지하철을 타고 중산공원으로 향했다. 일요일 오후의 햇살이 조용하게 내리쬐는 공원에는 상하이에 거주하는 모든 춤꾼들이 멋진 옷과 신발로 무장하고 퍼지는 음악에 따라 리듬을 밟고 있다. 이들은 음악이 바뀔 때마다 파트너를 바꾸면서 춤을 추는데 서로 얼굴을 보지 않는 게 예의인지 어깨 너머로 숨결만 나누고 있다. 춤만 추자 이거지!

지하철 입구로 돌아오니 소음과 먼지 많은 무심한 거리를 음악으로 물들이고 있는 거리의 악사가 열심히 바이올린을 켜고 있다. 망설이다가 카메라를 들이대니 포즈를 멋지게 잡아주는 센스쟁이! 과거 유럽 조계지여서 그런지 바이올린을 켜는 손도, 포즈도, 또 구경하는 사람도 전혀 어색하지가 않다. 문화란 이런 것인가?

금요일 밤에 출발해서 일요일 밤에 도착하는 여정이 50시간으로 마무리되었다. 누가 그랬나. 인생은 굵고 짧게라고! 그러나 여행은 그게 아니다. 난 언제쯤 콩 볶듯이 하는 여행스타일을 벗어나 여행다운 여행을 할 수 있을까? 오래간만에 보낸 화려한 주말이었지만 되돌아오는 비행기 안에서 짧은 여행에 대한 아쉬움으로 맥주를 들이켜고 깊고 달콤한 잠에 빠져 들었다.

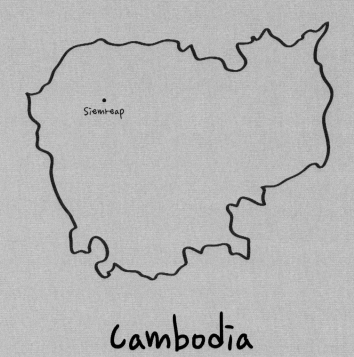

Siemreap

Cambodia

여신이 되어 주소서!
아프로디테같이 아름답고 신비로운,
그곳에 가면 언제나 만날 수 있는
나의 여신이 되어 주소서!

잠시 숨바꼭질처럼 숨을지라도
아이를 보듬듯 환한 미소로 다가와
내 곁에 있을 여신이여!

네 번째 찾은
신들의 고향

2006년 겨울로 기억한다.

씨엠립공항을 세 번째 이륙하며 더 이상 이곳에 다시 올 가능성이 없다고 생각했다. 2000년경 첫 방문 때 문화적 충격으로 앙코르 와트를 중심으로 한 크메르의 역사와 문화에 한동안 푹 빠져 탐독했었고, 그 이후 두 번 더 찾아왔었기 때문이다. 그러나 한편 이 땅을 떠나며 다시는 쉬 발걸음을 하기 어려울지도 모른다는 생각에 아쉬움도 컸었다. 그 사이 정이 꽤 든 모양이다. 그래서였을까. 다시 오기 어려울 거라고 생각했던 씨엠립공항에 나는 내리고 있었다. 유적지 보물을 찾아 모험을 떠나는 인디아나 존스도 아니고 지구 곳곳에 갈 곳도 많은데 나는 어떤 인연으로 이 땅에 또 발을 내딛고 있는 걸까? 이젠 유적으로 존재하는 신들은 무슨 연유로 내 발걸음을 또 잡아당기고 있을까? 몇 년 만에 다시 찾아온 씨엠립은 앙코르의 유적 외에 배낭 여행지로 변모하고 있어서 무엇보다 반가웠다. 도시의 규모도 과거 자야바르만 시대의 명성을 되찾으려 하는지 사람이 많아지면서 더불어 시장에 물건도 많아지고 오가는 배낭여행자들도 폭발적으로 늘어나고 있다. 더불어 이들이 만들어내는 스토리도 더욱 풍성할 것으로 생각된다. 처음 방문했을 때 신호등 한 개와 호텔 몇 개뿐이었던 도심은 이제 먼 과거가 되었고 어느덧 사방팔방으로 사람살이 면적이 넓어져 있었다. 오늘 다시 찾아온 앙코르 와트의 도시 씨엠립은 카오산 로드처럼 배낭여행자의 천국을 꿈꾸고 있었다. 어쩌면 방콕을 뛰어 넘을지도 모르겠다. 세계에서 명품 중의 명품으로 손꼽히는 앙코르 와트가 있으니까 말이다.

　이른 아침 눈을 떠 커튼을 젖혔다. 아, 앙코르 와트여! 아직은 달구어지지 않은 아침공기를 폐부 깊숙이 들이마신다. 나도 모르게 씨엠립을, 이 고색창연한 힌두교 문명을 그리고 크메르인들을 그리워하고 있었던 모양이다.

　너무나도 유명한 앙코르 와트와 앙코르 톰 그리고 바이욘 사원, 가장 아름답다는 반데스레이 사원은 방문 순서를 뒤로 돌리고 폐허 속의 진주라는 벵 밀리아(Beng Mealea) 수중사원을 먼저 찾았다. 씨엠립은 아직도 유적지 발굴이 현재 진행형이라 그런지 올 때마다 새로운 사원이나 볼거리가 하나씩 늘어난다. 어쩌면 다녀간 여행객들을 다시 끌어들이려는 관광청의 고급 전략인지도 모르겠다. 이런! 관광청이 치사하게 나처럼 잔머리 굴릴 리가 없는데 난 또 잔머리를 굴리고 만다. 너무 자책일랑 말자. 제 딴에는 자본주의를 살아내느라 나름대로 애쓰고 있는데 말이다.

벵 밀리아는 연꽃 연못이라는 뜻이라는데 사원 입구에 연꽃이 조금 피어 있는 듯하다. 그러고 보니 동남아 사원은 우리의 절 풍경과 달리 연꽃 보기가 어려운데 요즘 그 양이 조금 늘어나 보인다. 이 사원은 힌두교를 믿었던 수리야바르만 2세 때 만들기 시작해서 불교로 전교한 자야바르만 7세 때 완공되었다고 한다. 국교가 바뀌는 것은 왕조가 바뀔 때 민심을 휘어잡을 목적으로 행해졌던 일인데 수백 년 전 이 땅에 정치적으로 무슨 일이 있었던 것일까? 과거 우리도 조선을 개국하면서 불교에서 유교로 급전환했었고 해방 후에는 기독교가 파죽지세로 팽창한 결과 지금의 한반도는 아프리카 토템 빼고 거의 모든 종교가 춘추전국시대처럼 각축전을 벌이고 있는 형국이다.

정글 같은 숲 속에 있는 사원들은 완전히 무너져 형체를 알아볼 수 있는 곳이 몇 군데 되지 않는다. 프랑스 전문가를 주축으로 한 국제적인 복원팀은 엄청난 퍼즐 맞추기 작업을 하고 있으나 수세기 내 그 끝을 맞이하기가 어려워 보인다. 어쩌면 서서히 무너진 지난 세월보다 더 많은 시간이 필요할지도 모를 일이다. 다시 한 번 느끼는 시간의 힘! 그 어떤 돌이나 종교보다 소리 없이 진행되는 지구의 역사 속에서 사원은 우리에게 그저 조용히 살다 가라고 말해주고 있는 것만 같다. 사원 한켠에 자리한 수중 무덤은 겸손한 삶을 말없이 가르쳐주고 있다.

크메르인들이 신성시했다는 코브라! 그 크기가 천 배쯤 확대되어 돌로 남아있다. 신화 속의 옛날 코브라는 이빨도 달렸는지 무시무시한 표정이다. 머리가 다섯, 혹은 일곱 개인데 일곱은 왕족을 상징한다고 한다. 즉 대對국민 협박용으로 쓰였던 셈이다. 우리의 지배층이 용포나 호랑이로 자신들을 포장했던 것처럼 말이다. 다산의 상징이라고도 하니 왕성한 자손 생산을 기원하는 것은 동서고금이 따로 없다. 누군가 꼬부랑 글씨를 읽어 주는데 '뱀 조심. 뽕나무 옆에 가지 마시오.'라고 쓰여 있단다. 뽕나무를 좋아하는 건 야한 사람뿐만이 아니었군!

무너진 돌무덤을 바라보니 지금의 캄보디아를 보는 것 같아 씁쓸하다. 국운이 있긴 있는 걸까? 11~12세기에는 캄보디아가 동남아 패권국이었다니 말이다. 문득 우리나라 국운이 궁금해진다. 누구 말로는 지금이 5천 년 역사를 통틀어 가장 융성한 시기라는데 말이다. 무너진 돌 위에 올라선 딸을 사진에 담으려고 애쓰는 아버지가 보인다. 천 년을 딛고 선 부녀사랑! 자그마한 한국말이 들려온다. "우리 조상들은 뭐한 거야?" 속으로 대답해 주었다. "한글과 거북선 있잖아요." 앙코르 와트같이 세계 몇 대라고 하는 불가사의에 들어갈 만한 그 무엇도 남기지 않은 조상보다 홧김에 남대문을 태워버리는 가슴과 머리마저 없는 후손들을 비난해야 마땅하지 않을까?

사원에 왔으나 마음의 평화를 크게 얻지 못한 채 맹글로브 정글로 유명한 깜뽕블럭으로 발길을 돌렸다. 확실히 여행객이 늘었는지 도로 주변에서 주전부리 간식을 파는 상인들이 심심치 않게 보인다. 그중에서 마음씨 좋아 보이는 아주머니가 파는 대나무밥을 집어 들었다. 대나무통에 밥을 넣은 후 불에 구워 주는데 구수한 맛이 일품이다. 여행자에겐 별미로, 현지인에겐 한 끼 식사로 더할 나위 없다. 대나무 속껍질을 벗겨 꺾으면 수저 대용이 되고 그것으로 파먹는 재미와 함께 콩이 섞여서 그런지 다른 동남아 밥보다 찰지고 우리 입맛에 그만이다. 여행할 때는 기회가 될 때마다 틈틈이 잘 먹어 두어야 한다. 덕분에 아랫배 보다 윗배가 볼록 튀어나온 것을 확인하니 만족한 미소가 실실 배어 나온다.

맹글로브에 있는 배를 타고 정해진 루트로 나아갔다. 조용하 다. 새소리, 노 젓는 소리, 가끔 여행객들이 내는 재잘거림뿐 연 한 녹색으로 뒤덮인 깜뽕블럭은 시간조차 정지된 것 같다. 정글 엔 도보로 투어할 수 있도록 나무 사이를 연결하여 길도 만들 어 놓았다. 마침 지나가는 일행과 서로 "헬로우!"를 외치며 좋은 여행을 기원해준다. 커다란 나무 중간쯤에 만들어 놓은 맹글로 브 별장이 보인다. 저기에서 앙코르비어 한 잔 마신 후 낮잠이나 늘어지게 자면 소원이 없을 것만 같다. 그러다가 심심하면 일어 나 책 좀 읽다가 더 심심해지면 쪽배 타고 동네 한 바퀴! 그러다 가 수많은 물고기 중에서 운 없는 놈 한 마리 건져 안주하면 세 상 무엇이 부러울까!

톤레삽 호수에는 더 이상 옛날 같은 심한 매연이 없다. 예전에 방문했을 때는 오가는 많은 배에서 뿜어 나오는 매연과 혼잡함 이 더위 속에 짜증으로 다가왔었는데 지금은 깨끗하게 정돈되 어 아무 데나 버려졌던 쓰레기들마저 자취를 감추었다. 다만, 입 장료가 신설되어 인두세처럼 거둔 후 배당된 배삯으로 나누어주고 있다. 느리게 변하는 사회지만 어느덧 이곳에도 시스템이 정착된 모양이다. 어쩌면 여기 거주하던 보트피플 베트남 사람들에게 작년부터 영주권이 주어졌다는데 그 영향인지도 모르겠다. 한국 국기와 캄보디아 국기가 나란히 걸려있는 휴게소에 캄보디아 관광지도가 걸려있다. 나에게 다음에는 꼭 수도 프놈펜이나 시하누크빌에 오라고 암시하고 있는 것만 같아 눈길을 쉽게 떼지 못한다. '신께서 허락만 하신다면 오지 못할 이유가 없을 듯합니다.' 여행도 욕심일까? 욕심이겠지! 휴게소 탁자 위에 있는 방명록을 펼치니 흔적들이 즐비하다. 난 펜을 들어 '캄보디아 방문 열 번을 채우리라.' 하고 현실이 될지도 모를 주문을 세게 걸어 두었다.

태국이나 캄보디아를 여행한 사람들이라면 누구나 길거리 간판을 보고 이해하려는 시도 자체를 포기한다. 한 줄로 맞추어 쓴 게 신기할 정도인데, 내가 캄보디아에서 태어났다면 글이나 깨우쳤을까? 더구나 어학약골인데 말이다. 새삼 고마우신 세종대왕님! 문맹률이 아직도 무척 높다고 하니 교육부 관계자들 고민 좀 하시겠다. 물론 자기 나라만의 고유한 문자가 있다는 것은 매우 고무적이지만 말이다.

재래시장에 들어섰다. 무려 1억 톤의 물고기가 톤레삽 호수에서 무럭무럭 자라는 덕분에 펄펄 뛰는 물고기가 절반이나 차지하고 있는 듯하다. 연간 물고기 생산량이 100만 톤이라는데 우리나라가 40만 톤 정도이니 두 배 반이나 되는 엄청난 양이다. 어종도 풍부해서 별의별 모양의 물고기가 전시되어 있는데 특유의 비린내도 별로 안 났었는지 코를 막고 다닌 기억이 없다. 줍다란 시장 골목길을 오토바이가 양방향 통행을 하자고 우겨대지만 이 사람들은 뇌에 신경질 자체가 없는지 사고팔 것을 향해서만 움직이고 있다. 그 복잡한 틈바구니에서 구경삼아 어슬렁거리는 나를 이해해주는 시장 안 사람들에게 그저 고맙다는 생각이 든다. 수박을 파는 아주머니와 수박을 사려는 새댁 사이에 눈치싸움이 한창이다. 현지인도 레알보다 달러를 선호하는지 새댁은 몇 장의 달러를 손에 움켜쥔 채 수박을 사이에 두고 장사꾼과 밀당을 하고 있다. 수박 크기는 자그마한 편인데 껍질이 얇고 속은 진한 빨강이다. 아침마다 호텔 조식으로 서비스되는데 맛이 싱거워 그다지 먹고 싶은 생각이 들지 않는다. 아직 파장은 멀었지만 수레에 가득한 수박을 모두 팔아야 하는 아주머니의 승리를 새댁 몰래 기원해본다.

새로운 아침이 열렸다. 이미 몇 번 다녀왔지만 왔으니 다시 씨엠립의 절정 앙코르 와트를 살펴볼 생각이다. 처음 방문 때 해자를 가로질러난 길을 건너며 사원의 당당한 위용이 경이로움으로 다가왔고 신화와 역사를 새겨 놓은 회랑의 부조에 또 한 번 놀라야 했다. 이른 오전 시간이지만 수많은 여행객들이 자기 얼굴사진이 박힌 출입증을 목에 걸고 줄줄이 사원을 향해 가고 있다. 몇 번 이 길을 건너본 경험이 있었던 나는 주도를 벗어나 옆으로 난 길을 따라 올라가며 다른 각도에서 사원을 더듬고자 했다. 회랑이 교차하는 어두운 곳에서 손금 점을 봐주던 전직 승려 출신일 듯한 할아버지가 한 분 계셨는데 오늘은 보이지 않는다. 어쩌면 불법 영업 단속에 걸려 용돈벌이 방법을 바꾸셨을지도 모를 일이다. 만나면 반가울 것 같은데 조금 아쉬운 생각이 든다. 유네스코에서 유적 보호에 열을 올려서인지 어느 순간 회랑 부조 앞에는 접근을 막는 줄이 쳐져 있다. 물론 처음 왔을 때는 코앞까지 다가가서 자세하게 살펴보고 손가락으로 살짝 대보기도 했었는데 넘쳐나는 여행객이 품어내는 이산화탄소와 손짓을 더 이상 감당하기 어려웠을 것이다. 석공이 정성껏 만들어 놓은 춤추는 무희의 드러낸 가슴은 어느 것 하나 예외 없이 반들거리고 있었으니까 말이다. 어떤 느낌일까? 그래봐야 돌이겠지만 남자들의 초등 수준에 머문 호기심은 결국 유네스코의 결단을 앞당기는 데 중요한 역할을 한 꼴이 되어 버렸다.

지난 번 방문 때만 해도 없었는데 앙코르 와트 꼭대기까지 올라가는 길은 철제 계단이 설치되어 오르내리는 길이 무척이나 혼잡해보인다. 돌계단은 경사가 급해서 네 발을 다 사용해야 하지만 어떤 이들은 뛰다시피 오르내리기도 했었다. 유적보호, 당연하지만 과거 밟았던 돌계단에 대한 아쉬움이 남는다. 처음 왔다면 무수한 시간을 소비해서라도 올라가서 멀리 정글을 살펴보면서 그 옛날을 상상해보겠지만 욕구를 느끼지 못한 나는 내리막길을 향해서 발걸음을 돌리고 말았다.

유적의 아름다움이란 문명을 느낌으로 호흡할 때만 살아나는 것! 나를 제외한 다른 이들은 모두 아름다워 보인다. 마치 다이어트하는 속도로 길을 걸으며 유적을 눈으로만 훔치고 있는 내 자신이 이 유적의 가치에 어울리는지 묻는다. 하긴 그때도 그랬다. 허겁지겁 일행을 쫓아 바쁜 걸음을 내딛던 어느 순간 내 눈에 들어온 한 여행자, 그녀는 널따란 치마를 입은 채 바위에 걸터앉아 책을 탐독하고 있었다. '여행이란 저런 거야!'라고 외쳤건만 몇 년이 지난 지금도 난 그 행태를 못 벗고 있다. 하지만 그날 이후 여행이라면 당연히 패키지를 떠올렸던 모습을 벗어나 점차 배낭에 대한 매력 속으로 빠져 들어가기 시작했다.

씨엠립 지도를 구할 요량으로 관광안내소를 찾아 여기저기 살펴보았으나 보이질 않는다. 마침 인사하는 직원에게 요청하니 어느 카페 약도를 건네준다. 이건 뭐? 관광안내소에서 합법적으로 자기네 집을 홍보하고 있는 것으로 보인다. 아쉬운 대로 앙코르 와트 매표소 입구에 있는 지도를 찍은 사진으로 두뇌의 외로움을 달래려 애썼다. 도시는 확실히 몇 년 사이에 면단위에서 시단위로 승격한 게 틀림없다.

배낭을 메고 카오산 로드를 어슬렁거려보았다면 센트럴 마켓 분위기를 이해할 수 있을 것이다. 물론 아직 카오산 로드의 명성을 따라잡으려면 10~20년은 족히 더 필요하겠지만 후발주자답게 상가는 깔끔하게 단장되어 있고 많은 상품들이 진열되어 있다. 물론 여기도 짝퉁을 피해갈 수 없어서 진품이 10% 미만이라고 하니, 지갑에서 달러가 고개를 내밀기 전에 반드시 신중한 눈썰미를 동원해야 함은 쇼핑의 기본이다.

시내에서 센트럴 마켓으로 건너오는 다리가 두 개가 있는데 다리에 걸터앉아 쉴 만한 자리가 만들어져 있어서 냇가를 중심으로 나뉘어져 있는 씨엠립을 음미하기에 딱 좋다. 마켓 반대편 시내 쪽으로 가는 길에는 카페와 식당, 게스트하우스가 즐비하게 여행객들을 기다리고 있으며, 거리에는 자전거와 도보, 툭툭이를 타고 움직이는 배낭들이 넘실대고 있다. 오히려 복잡하기 않게 즐기기에는 이곳을 따라올 만한 곳이 없어 보인다. 더구나 외곽으로 조금만 나가면 거의 천 년 묵은 신비로움 속에 파묻힐 수 있으니 최고의 여행지라는 자부심을 크메르인들은 가져도 좋을 것 같다.

마켓 안쪽 골목으로 들어서면서 다양한 물건들이 이렇게 많이 쌓여있으리라고는 예전에는 상상도 못했다. 물건 값도 제법 착해보인다. 조그마한 액세서리를 흥정하다가 점원 아가씨의 늦은 점심인 듯한 종이팩에 담긴 튀긴 국수를 보고 집어 먹는 흉내를 내니 웃으면서 한 번 먹어보란다. 정말 한 입 먹어볼 걸 그랬다.

골목길에 붉은 레자의 편안한 의자가 있는데 간단한 발마사지 숍이다. 20분에 겨우 2달러인데 앙코르 캔맥주 한 개가 프리란다. 와우! 세상에 이렇게 착한 사람들이 있을까? 맥주가 그리우면 골목 중간쯤에 있는 열린 카페를 찾으면 된다. 무엇보다 앙코르 생맥주가 존재한다는 반가운 사실 하나만으로도 만족스러운 웃음이 피어난다. 씨엠립에는 다양한 맥주가 수입되지만 앙코르 비어를 맛보면 수입맥주가 빛을 잃고 만다. 색깔이 약간 짙은 라거인데 맛이 풍부하고 청량감도 떨어지지 않아 귀국하는 가방에 몇 개 가져오곤 했었다. 물론 언젠가는 너무 욕심을 부려 과도하게 밀수하는 바람에 그중 한 개가 분출되는 안타까운 사고가 있었지만 말이다.

매일 밤, 앙코르 도심에서 약간 벗어난 곳, 넓고 한적한 공터에서 야시장이 열리면 걸어 다닐 수 있는 사람은 거의 모두 나오는 것 같다. 아직 전기가 충분하지 않아 어두컴컴한 곳이 있긴 하지만 볼거리와 쇼핑 그리고 이런저런 음식들이 펼쳐져 있는 등 더운 지방 야시장의 특징이 잔뜩 배어 있다. 사람들은 장사꾼들이 펼쳐 놓은 돗자리를 깔고 앉아 음식을 먹으며 이야기를 나누는 등 시원한 밤을 즐기고 있다. 자세히 살펴보니 우리 눈에는 희한하게 생긴 안주류, 구이류 등이 보이고 밥과 맥주도 보인다.

아직 씨엠립의 음식 맛이 로컬풍이 강하던 시절, 일행을 설득해서 호텔 주변 식당을 찾아갔던 기억이 난다. 맥주를 시키고 이름 모를 안주를 주문했는데 둥근 그릇에 무슨 고기인지 알 수 없으나 단백질 덩어리가 야채와 함께 뒤엉켜 있었다. 문제는 색깔이 아주 까맣다는 것이다. 일행은 코로 탐색하더니 주문한 나한테 그릇을 밀쳐 버린다. "이런 것도 먹어봐야 해." 하면서 무조건 입에 넣어 씹어 삼켰지만 지금도 내가 그때 무엇을 먹었는지 모른다. 설마 흉측하게 생긴 이상한 벌레는 아니었겠지. 많이 늦은 저녁밥을 여기 문화대로 손으로 먹고 있는 여자들이 보인다. "지금 먹고 있는 것이 밥인가요? 맛있어요?"라고 물으니 웃다가 멀뚱한 표정을 짓는다. 가방에 들어 있는 지사제를 떠올리며 또 다시 시키면 단백질을 사먹으려다가 진통이 느껴지는 것 같아 식욕을 억제하고 돌아섰다.

오전에는 유적 탐방한다는 나름대로의 원칙을 따라 내 몸은 바이욘 사원으로 향했다. 건기인 요즘은 툭툭이에겐 엄청 성수기이다. 툭툭이를 타려다가 섬뜩! 손님이 앉는 의자 뒤편에 광고판 같은 것이 붙어 있는데 미녀의 눈에 코브라 눈동자를 그려넣었다. 그것도 세밀하게 사진처럼 말이다. 무슨 광고일까 한참동안 생각했는데 도무지 모르겠다. 여기 여자들은 코브라처럼 무섭고 맹독을 갖고 있다는 말일까? 아무리 보아도 독성은 한국 여자의 백만분의 일도 안 들어 있는 것이 확실해보인다.

뽕밭에는 절대 안 들어가리라고 단단히 결심하고 바이욘 사원으로 스며들었다. 멀리서 보면 마치 웅장한 돌무덤 같이 생긴 사원인데 장인의 예술 솜씨는 정말 혀를 내두를 만큼 정교하고 재미있다. 부조 중에는 다양한 생활상을 익살스럽게 표현한 것도 제법 많아 하나하나 음미하며 걷다 보면 곧 잘 시간을 잊게 된다. 회랑 저편을 보니 여신이 나타났다가 순간 사라진다. 바람에 살짝 날리는 길다란 하얀 치마와 몸에 꽉 끼는 파란 빛깔의 티를 입은 여인이 자기 고향집을 찾아온 듯 사원 속으로 스며든다. 전생에 힌두 신을 섬기는 사제가 아니었을까? 혹시나 하고 사원 내부를 휘둥그레 뒤졌으나 다시는 내 앞에 나타나지 않았다. 여신이 분명했다.

맨발을 한 채로 자전거를 타고 오는 오누이가 보인다. 까까머리 남동생을 태우고 누나는 힘든 기색도 없이 웃으면서 타다가 걷다가를 반복한다. 이들은 기억하겠지! 아름다웠던 오누이의 어린 시절을 말이다. 그리고 보니 'ONE 달라!'를 외치는 아이들이 무척 줄어들었다. 이젠 제법 학교에 많이 가는 모양이다. 킬링필드 이후 지식인이 사라져 아이들 교육이 가장 급한 이 나라의 국가시책이 아닐까 생각된다. 와트나 톰의 부조에도 많은 전쟁이 그려져 있듯이 전쟁의 오래된 역사는 20세기에 들어와서도 끝나지 않아 제3차 인도지나 전쟁까지 치렀으니 주변국인 태국이나 베트남을 의식하지 않을 수 없을 것이다. 메콩 강을 사이에 두고 인접한 모든 나라가 정치적으로 안정되고 언제까지나 평화롭게 살아가면 좋겠다.

앙코르 와트의 도시, 씨엠립에 태국의 유명한 트랜스젠더쇼 '알카자쇼'에 버금간다는 유혹에 빠져 '로사나쇼'가 공연되는 극장으로 빨려 들어갔다. 극장 안은 이미 관객들로 가득하고 조명을 받은 하얀 드레스를 걸친 주연 트랜스젠더가 오프닝 멘트를 날린다. 극장 내부 조명과 음향은 현대화되어 아주 편하고 럭셔리해서 어디에 내놓아도 전혀 손색이 없어 보인다. 공연은 각 국의 고유 춤이 5분 정도씩 구성되어 있는데 가만히 보니 관객의 여권에 따라 공연 대상국이 정해진 것으로 보인다. 중국을 비롯해서 태국이나 미국 그리고 한국의 민속춤까지 백화점처럼 다양하게 구성되어 대비되는 즐거움이 있다. 중국의 민속춤이 끝나자 우리나라 궁궐이 나타나고 그 앞에서 부채춤과 장구춤을 아리랑에 맞추어 트랜스젠더들이 춤추기 시작한다. 다른 나라 배우들이 우리나라 민속춤을 추는 것이 반갑긴 하지만 비디오 보고 흉내 내기에 급급한 건 어쩔 수 없어 보인다. 드디어 나왔다. 크메르인들의 고유한 압살라춤! 난 개인적으로 저 손끝과 발의 설렘이 느껴져서 이 춤을 좋아한다. 한 발을 들어 옆으로 뉘이고 양손을 벌려 열 개의 손가락으로 무언가를 호소하고 이따금 나타나는 정의의 사자가 혼돈한 세상을 구원하기도 하는 등 힌두교 신화를 재구성한 작품은 화려한 빛깔만큼이나 내 혼을 쏙 빼놓기에 충분하다. 장내가 엄숙하려 할 때쯤 짝퉁 싸이가 등장해서 극장 안을 마구 흥분시킨다. 강남스타일을 군무로 추는데 이 춤은 제법 세련되게 잘 춘다. 이어진 트랜스젠더 아가씨들의 젠틀맨 춤! 그러고 보니 코리아 문화가 다른 나라를 압도하는 쾌거를 눈과 귀로 보고 있는 나 자신을 발견한다. 어느덧 마지막 무대 합창을 보면서, 속에서 안타까운 외침이 터져 나오고야 만다. '저 어여쁜 여인들 중 단 한 사람만이라도 진품이었으면!'

번화해진 씨엠립, 이곳은 옛 명성과 부와 함께 문화도시로 귀환 중이다. 깨끗해지고 현대화된 공항에는 전 세계에서 찾아온 사람들로 가득하다. 오래전, 첫 방문 때는 매직으로 좌석번호를 적어준 비행기표를 받았었는데 새삼 격세지감을 느낀다.

언제부터 이런 버릇이 생겼는지 모르지만 떠날 때면 꼭 공항에서 그 나라 맥주를 마시는 습관이 있다. 아마 아쉬워서겠지! 앙코르 비어를 생맥으로 주문해서 여행을 마무리하려고 한다. 가방 속에 들어 있는 캔맥주는 언젠가 이곳의 공기가 그리워질 때 되새김질해야겠다.

Frankfurt

Germany

여행은

동서양을 만나게 하고

과거와 현재를 공존하게 하고

무엇보다

사람을 만나게 하고

그래, 여행을 떠나자.

숲 속의
파란 도시를 찾아서

　집을 나선다. 아니 길을 떠난다고 해야 옳을까? 아무튼 남들은 굳은 표정으로 지하철로 버스로 부지런히 움직일 때 남모를 뿌듯함을 가슴에 안고 마지막으로 배낭을 확인한다. 누가 그랬던가? 나이 들면 먹는 밥보다 약이 많아진다고! 더구나 여름이니 장이 탈날 것을 우려해 지사제와 함께 소화제, 두통약, 감기약을 챙긴다. 그래도 아직은 관절약이나 인슐린이 필요하지 않은 것에 감사하며 그러기 전에 부지런히 지구를 다 돌자고 다시한 번 다짐한다.

　월요일이라 트래픽은 당연한 일, 아주 넉넉히 서둘렀다. 결국 너무 서둘러 공항에서 배회해야 했지만 말이다. 공항버스를 타는데 늠름한 기사는 짐을 갖고 승차하는 모습을 멀뚱히 쳐다보고만 있다. 만약 내가 미모가 뛰어난 여자였다면 그림자가 보이기도 전에 무거운 엉덩이를 단박에 일으켜 짐을 받아 짐칸에 부려 주었겠지. 카드 태그를 정확하게 하고 있는지에만 모든 신경을 쓰고 있을 뿐이다. 아침시간이라 일찍 힘쓰는 게 부담스러웠을까 아니면 밤새 성난 부인에게 시달리기라도 했을까? 무표정하기만 하다. 짐을 짐칸에 부리고 기분 좋게 자리에 앉았다. 조금 후에 40대 후반쯤 되었을까? 네팔쯤으로 히말라야라도 가는 복장과 짐을 꾸린 아주머니가 한 분 탔다. 아무리 봐도 전문 산악인으로 보인다. 약간 까만 얼굴에 거칠어 보이는 피부, 화장기 없는 얼굴과 메마른 입술, 그러면서 왠지 옷 속에 감추어져 있을 것 같은 근육 뭉치까지! 뒤에 앉은 나에게 말을 건다. "공항까지 얼마 걸릴까요?" "글쎄요, 아무래도 밀릴 테니까 한 시간 반은 더 걸리겠지요." "아, 큰일 났네. 늦어서…" 빨리 가도 비행기 이륙시간 한 시간 이전에 도착하기는 어려워 보인다. 며칠 집을 떠날 예정이라 미리 해놓고 올 일이 많았나 보다. 한국 부인들은 장기간 집을 떠날 때 식구들 굶지 말라고 곰국을 끓여 놓는다는데 국을 끓여서 식힌 후 냉장고에 나누어 보관하고 오느라고 늦지 않았을까. 아무튼 자리에서 안절부절못하더니 전화를 거는 목소리가 들린다. "여보세요? 전도사님…!" 전도사님? 히말라야가 아니고 어디 봉사라도 가는 걸까? 난 뒤에서 걱정스런 목소리의 통화소리를 내내 들어야 했고 버스는 예상보다 일찍 도착하여 그 아주머니는 무사히 출발할 수 있었을 것이다.

프랑크푸르트 공항에 묵직하게 내려앉았다. 아무리 생각해도 한국 사람은 손 느낌이 예민한 듯하다. 양궁을 잘하는 것도 그렇지만 비행기 착륙도 부드럽기 그지없다. 좀 터프하다면 중국 조종사들일까? 비행기를 무슨 전투기 조종하듯 하는 그들을 난 이해하기 어렵다. 출발시간은 죽어라고 안 지키는 그들이 뭐가 급하다고 이·착륙은 서두르는지, 여객기의 조종간과 전투기의 조종간을 구분하는 훈련부터 해야 하지 않을까. 그들은 여전히 나 같은 승객을 전투기에 들어 있는 미사일이나 총알쯤으로 여기는지도 모른다.

프랑크푸르트의 여름 날씨는 서울보다 훨씬 시원하다. 서울은 장마 기간이라도 중간 중간 고구마 찌듯 푹푹 찌는데, 이곳은 하루 한 번 정도 스콜처럼 내리는 비에도 별로 습하지 않고 쾌적한 느낌이 있으며 실제로 기온도 5도 이상 낮다. 쾌적하게 느낀 이유는 기온보다 거리에 가득한 무성한 나무 때문이라고 짐작된다. 도로변에 빼곡하게 꽉 들어찬 나무 때문에 인근 마을이 잘 보이지 않을 정도이다. 분명 프랑크푸르트는 유럽의 관문으로서 비행기가 쉼 없이 뜨고 내리면서 사람들을 이동시키고 또한 눈에는 보이지 않지만 엄청난 액수의 유로화가 장마철 강물처럼 이동한다. 세계은행이나 유수 금융회사들이 즐비하고 초현대식 건물이 분명히 넘치는데도 도시는 초록색으로 칠해져 있다. 다음날 아침 호텔에서 마임 강 주변 산책로를 따라 조깅을 하는데 다듬어지지 않은 시골 강가를 뛰는 듯한 기분이 들었다. 축축한 습기와 흙냄새, 머리 위로 넘치는 나뭇가지들, 가끔 그 사이 빈틈으로 보이는 빌딩과 도로가 여기가 도시임을 일깨워주고 있을 뿐이다. 돌아오다가 빠지는 길을 놓쳐 한참이나 지나쳤다. 지나친 길은 광활한 갈대밭이 무성하게 늘어서 강가여서 길을 놓친 것이 마치 행운처럼 느껴진다. 이 도시에 사는 사람들은 얼마나 행복할까? 소득은 독일 평균보다 훨씬 높은 6만 불을 넘어선다는데 환경까지 더할 나위 없으니까 말이다. 인간이 만든 천국이 있다면 바로 이곳 프랑크푸르트가 아닐까?

본격적으로 도시 구경에 나서면서 의문점이 든다. 독일 하면 내 머릿속에 박혀 있는 이미지는 대체로 시계바늘 같이 정확하고 깨끗한 나라, 과학기술이 무척이나 발전한 나라, 그러나 로맨스나 예술성과는 다소 멀어 보이는 나라 등 대충 그렇다. 그러나 이런 생각이 무너지는 데는 그리 오래 걸리지 않았다. 우선 담배꽁초를 비롯한 각종 쓰레기 등 지저분한 거리와 낙서가 눈에 띤다. 최소한 서울도 아침에는 잠깐 청소부의 눈부신 활약으로 도시 전체가 빛이 난다. 그러나 오히려 이곳은 지붕과 벽 빼고는 어디에나 쓰레기가 진열되어 있어서 내 머릿속의 투명하고 깨끗하며 책임감 넘치는 독일에 대한 상상을 무참하게 짓밟는다.

낙서는 영화 속 미국의 어느 어두운 골목처럼 무분별하게 스프레이로 휘갈긴 건 아니지만 여기저기 하다못해 고속도로를 가로 지르는 육교에까지 여러 색깔을 다정하게 발라 놓았다. 낙서의 정점은 하이델베르크대학교에 있는 학생감옥일 것이다. 1800년대 대학 자치기구에서 죄를 지은 학생들을 스스로 재판하여 가둔 곳으로 넓지 않은 건물에 몇 개의 방으로 나뉘어 있다. 방 안은 작은 책상과 조그마한 침대만 덜렁 있는데 정말로 하나의 빈틈없이 낙서로 몽땅 채워져 있다. 갇힌 젊은 학생들이 석방을 기다리며 답답함과 어쩌면 억울함을 달래가며 또는 애인의 변심을 두려워하며 적어 나갔을 낙서들, 자그마한 글씨도 있지만 예술작품처럼 크나 큰 글씨도 보이고 멋있게 그려져 있기도 하다. 방 안뿐 아니라 복도나 천장에도 독일어나 라틴어로 적혔을 낙서를 보다가 내 눈에 해석되는 글씨가 보인다. 세종대왕 이후에 누군가 와서 적었음에 틀림없다. 이런! 한문이나 일본어는 보이지 않는데 부끄러운 한글이 여기저기 널려있다. 아, 문화에 대한 천박함! 지나가는 독일 사람들이 '니 하오?'라고 인사를 건네면 그냥 웃으며 고개를 끄덕이고 말아야 할까? 일본 청년이 몇 개국 청년들과 알래스카부터 남반구까지 같이 여행하면서 겪은 일화를 책으로 펴냈었다. 책 제목은 잘 기억나지 않지만 동행한 한국 청년에 대하여 무례하고 자기밖에 모르는 사람이라고 혹평한 것이 떠오른다. 갖은 고생하면서 같이 여행을 해서 웬만해서는 그런 표현을 하지 않을 텐데 도대체 얼마나 심했으면 하고 잠시 흥분했었던 우울한 기억이 떠오른다. 그런데 어쩌랴. 이렇게 생긴 게 한국 사람이라면 괜히 열 받지 말고 좀 더 세련될 날을 기다릴 수밖에! 나라마다 성격을 규정짓는 고유한 대명사 같은 것이 있는데 이를 테면 '건방진 영국 사람, 속없이 멋만 부리는 이탈리아 사람, 허풍쟁이 프랑스 사람' 하는 식이다. 그렇다면 한국인은 '대책 없는 한국 사람'일까? 문득 외국 사람들의 솔직한 평가가 궁금해진다. 과연 2002년 유난스러웠던 월드컵이후 생겨난 다이나믹 코리아가 전부일까?

독일에 대한 나의 정갈한 이미지를 결정적으로 무너뜨린 것은 가족 상황이다. 독일뿐만 아니라 서구 남자들은 가정에 매우 충실하며 칼퇴근 후 집으로 직행하여 아이들과 놀아준다고 들어왔다. 더구나 시계바늘 같이 정확하고 똑바른 독일 아닌가? 하지만 정식 결혼으로 가정을 이루고 있는 비율은 바닥 수준이고 미혼모와 이혼가 숱하게 넘쳐난단다. 대학 때 무표정한 표정으로 이 먼 극동의 나라에까지 와서 선진 기술을 강의해주던 그 젊은 교수의 가정이 쓸데없이 궁금해진다. 꼼꼼하고 무표정하며 냉철한 부친과 모정은 별로 없더라도 손재주가 있는 모친 사이에서 아이들은 체계적인 교육을 받고 안정된 환경에서 현미경이나 들여다보며 성장하는 줄 알았다. 그러나 총기사고 마저 심심치 않게 나는 모양이다. 정말 독일 맞아? 독일에 대한 고정관념이 바뀌는 혼란을 떠나는 날까지 감수해야 했다.

여기에 추가하여 한 가지 더 이야기하자면, 가정의 형편이야 개인 사정이니 그렇다 치고 과학기술이 발달한 독일은 완벽한 금융시스템으로 신속·정확할 줄 알았다. 사실 유로 경제를 프랑스와 함께 쥐락펴락하는데 어찌 시스템이 허술할 것인가? 그러나 정말 도무지 이해할 수 없을 정도로 처리 속도가 늦다. 그것도 매우 늦다. 정확하게 업무는 처리하겠지만 계좌이체의 경우 통상 2~3일이 걸려 여기서는 보이스피싱은 꿈도 못 꾼다고 한다. 보이스피싱이 없는 것을 다행으로 여겨야 하나? 급히 필요한 내 돈을 콧수염 기르고 양복 입은 채 회전시계를 빙빙 돌리는 은행원들이 며칠이고 묵혀 가면서 이자 재미를 보는 것을 한국인이라면 전혀 참아내지 못할 일임이 분명하다.

라인 강의 기적—물론 이 말은 독일 사람들은 쓰지 않는단다. 외국 언론의 누군가가 만들었겠지.—을 보고 배워 한강의 기적을 이루었다는 대한 뉘우스가 떠오른다. 한국의 국민소득이 불과 백 몇 달러 하던 시절, 혁명으로 정권을 잡은 전직 대통령은 파견한 광부와 간호사의 월급을 저당 잡히고 외채를 이 나라에서 빌려와 경제발전의 기틀을 마련한 사실이 있다.

독일에서 나의 첫 유로화폐 지출은 맥주나 먹거리, 쇼핑이 아니었다. 나 스스로 놀랍게도 화장실 가는 데 쓰였다. 오줌보의 팽팽한 긴장감을 즐기면서 화장실을 찾은 나에게 독일 아주머니가 손을 떡하니 내민다. 50센트. 5유로를 주고 50센트짜리 동전 아홉 개를 거슬러 받았다. 마음이 놓인다. 그래, 50센트 아홉 개면 어디 가서 실례하다가 망신당할 일은 없겠지. '역시 부자들은 코인 하나라도 소중하게 여기는구나!'라는 외피적 생각 속에 '치사하게 물 버리는 데까지 쫓아와서 돈을 받는담?' 하고 속으로 지껄이며 오줌보의 근육을 풀어 헤쳤다. 남자 소변기는 철저히 유럽형으로 이루어져 있어서 아시아인은 잘못하면 거시기를 소변기의 돌출된 앞부분에 걸치고 일을 봐야 할 판이다. 난 몇 번이나 걸쳐놓고 열중쉬어 자세로 일을 보고픈 충동을 겨우 억누르고 일을 보느라 까치발로 애써야 했다. 동양인은 그렇다 치고 이 동네 아이들은 어떻게 해결하지? 나중에 안 사실이지만 독일은 물과 화장실 그리고 인터넷 인심이 매우 고약하단다. 뭐 성질 내봐야 내 심장만 헐떡거리니 고유한 문화로 치부하고 가던 길이나 가야겠다.

히틀러의 제국도시로 알려진 뉘른베르크에 들어섰다. 허물어진 제국도시라서 그런지 건물은 밋밋하고 도로는 요철로 망가져 있기 일쑤다. 사람들의 표정은 사각상자처럼 무표정하고 제 앞길만 보고 간다. 저들 눈엔 거리를 배회하는 우리가 최소한 성가시진 않나 보다. 그러니까 외지인 그것도 동양인에 대한 최소한의 눈길도 없이 무뚝뚝하게 발걸음만 옮기고 있겠지.

왠지 공기에 먼지가 잔뜩 섞였을 것 같은 공사장 건너편에 전범재판소 건물이 있다. 전범재판이야 오래 전에 깔끔하게 다 끝내고 지금은 박물관이나 다른 용도로 사용되고 있는 것 같다. 둘러친 담에는 그 당시의 사진이 몇 장 남아 역사의 진실을 보여 주고 있다. 무려 50만여 명의 전범을 재판했다지? 그렇게 철저히 과거를 청산하는 것도 어쩌면 민족의 힘이고 정신일 것이다. 하긴 헤겔 등 무수한 철학자를 배출한 민족이 타 민족에 엄청난 피해를 입히고도 그냥 얼버무리진 않겠지. 아, 정말 비교된다. 이웃나라 이웃민족 일본! 품격 없는 나라에 진심 어린 반성을 요구하는 것은 들개 보고 사슴의 마음을 가지라고 하는 것과 정녕 같단 말인가!

히틀러에 대한 이야기야 이미 널리 알려진 대로 특별히 거론할 것도 없다. 다만, 여기 와서 들은 사실은 히틀러에 의해 고속도로가 놓였고—이 나라에서는 오토바이도 고속도로 주행이 가능한단다. 우리나라 폭주족들이 들으면 이민 오고 싶어 할지도 모르겠다.—또한 국민차 생산 명령에 따라 폭스바겐이 생겨났다고 한다. 신나치주의자들이 가끔 활개치고 다니는 모양인데 같은 민족이라도 참 여러 유형의 인간들이 있다. 이해할 수 없는 세계관을 가진 지구촌의 떨거지들이 여기엔 아주 조금 남아있는 듯 싶다.

독일에서 지금까지 독일을 빛낸 위인 200인을 선정했다고 한다. 이 명단에 민족의 자긍심을 키우기 위해 그랬는지 아니면 히틀러의 골이 너무 깊어 보상심리로 그랬는지 모차르트를 포함시켰다. 이웃나라 오스트리아가 발끈하고 나선 것은 너무나도 당연한 일로 보인다. 누구나 알듯이 모차르트는 오스트리아 잘츠부르크 태생이 아니던가? 아름다운 도시에 생가가 있고 무덤은 어디 있는지 발견되지 않았으나 누구도 의심하지 않는 사실이다. 다만 생전에 모차르트가 자기는 독일 사람이라고 했다고는 한다. 오스트리아의 반발에 독일은 히틀러 카드를 들이 밀었다. 히틀러를 오스트리아 사람으로 못 박자는 얘기에 오스트리아 사람들의 표정이 어떠했을까? 세상에 히틀러와 모차르트라니!

날씨까지 우중충하더니 약간 빗줄기를 뿌린다. 양반도 아니면서 평소 손에 들고 다니는 것을 매우 귀찮아하는 습성 탓에 갑자기 내리는 비에 속수무책일 수밖에 없다. 부근에 자비심이 넘치고 험한 인상도 개의치 않는 큰 우산을 가진 사람이 있다면 좋을 텐데 말이다. 독일의 날씨는 따뜻하고 밝은 태양이 있는 프랑스나 이탈리아에 비해 칙칙하고 우울할 때가 많다고 한다. 그래서인지 골방에 박혀 두뇌 어디쯤에 있었을 뉴런의 빛나는 역할로 인류 역사에 엄청난 혜택을 준 많은 과학기술과 발명 그리고 철학의 지평을 열었다. 반면 반대쪽으로 두뇌를 써서 인류에 씻을 수 없는 죄도 쌓았으며 정신이상자도 많다고 하니 세상은 제법 공평한 편일까?

성모교회 앞 광장에서는 일주일에 단 두 번 열린다는 장이 열리고 있었다. 광장이라도 그리 넓지 않은 곳에 천막을 치고 과일이며 과자 등을 팔고 있는데 지나가는 나에게도 하나 먹어보라고 말린 사과를 알아들을 수 없는 말과 함께 건넨다. 가격은 그리 비싸 보이지 않았으나 점심을 금방 먹고 나온 이유로 살짝 미소로 값을 치르고 돌아섰다.

유럽의 역사는 듣고 또 들어도 줄거리를 꿰기가 쉽지 않다. 너무나 많이 들어본 로마제국 외에 내가 분명하게 알고 있는 것이 도대체 무어란 말인가? 신화로 시작하여 고대와 중세, 그리고 근현대에 이르기까지 그 무수한 세월이 흐르는 동안 여러 민족이 뒤엉켜 싸움질은 왜 또 그렇게 많이 했는지 내 머리 능력으로는 영원히 불가능할지도 모르겠다. 하긴 우리나라 역사도 제대로 알고 있지 못하고 있는 나에게 지구 반대편 유럽의 역사로 나의 지식 정도를 자로 재려는 사람은 없었으면 좋겠다. 이제부터라도 역사드라마나 역사스페셜 같은 프로그램을 챙겨 보아야할까?

뻔한 도로 풍경을 벗어나니 새로운 유럽이 나타난다. 좁다란 길가에 키가 매우 큰 나무가 즐비하다가 돌연 넓디넓은 파란 밀밭이 눈앞에 영화처럼 펼쳐진다. 가끔 액세서리처럼 포도밭이 뒤따라오기도 한다. 맞아, 인생도 그래! 늘 다니던 길에서는 별다른 것을 기대할 수 없어! 나를 알고 내가 이해하고 익숙한 풍경에서는 내 뇌의 다른 부분을 내 삶으로 끌어올 기회가 없다.

새로운 길을 두려워하지 말고 문을 열고 나서야 한다. 뇌가 나의 정당한 지시를 거부하기 전에 말이다.

리데스하임. 독일인들이 너무 좋아하는 5대 관광지 중의 하나라고 한다. 길거리는 독일의 그 어느 곳보다도 예쁘게 꾸며져 있고 늘어선 상가며 레스토랑 그리고 호프집 등이 여기가 유명한 관광지임에 틀림없다고 온몸으로 부르짖고 있다. 이른 시간인데도 어디서 왔는지 유럽 사람들이 몰려들고 이젠 세계 어디에나 있는 중국인들이 카메라를 훈장처럼 주렁주렁 매단 채 밀어 닥치고 있다. 상가나 식당 일꾼들이 어제의 흔적을 지우느라 애쓰면서 의자와 테이블을 정렬하기도 전인데 말이다.

오늘은 선크림과 모자가 필요할 정도로 아침 햇살이 매우 밝다. 투명한 빛이 도시 곳곳을 비추니 모든 곳에서 왁스 빛이 나기 시작하고 리데스하임에 있는 모든 것은 세상 그 어떤 치장을 하는 것보다 아름답게 변신하는 마술에 걸려버렸다.

수입원을 주로 관광에 의존하는 시청이 관광객이 많이 오는 국가의 국기를 보란 듯이 내걸었던 모양이다. 어느 날, 애국심이 남달랐던 한국 상인이 가게 앞을 살피다가 일장기가 내걸린 것을 보았다. 아마 본능적으로 임진왜란과 일제 강점기가 떠오르고 엄청난 동족의 목숨과 망가진 삶의 상처가 칼로 후비듯 아파왔을 것이다. 시청에 전화를 걸어 당장 떼라고 했단다. 안 떼면 이제 기부금 같은 국물은 절대 없을 거라면서! 시청에서 시장이 고민 좀 했겠지. 여행 오는 외국인이 자기 나라 국기를 보면 매우 기뻐할 테고 그러면 열린 지갑을 다 드러내 보이며 지름 한바탕, 그럼으로써 떨어지는 많은 동전들이 이 작은 도시에 소중한 전리품으로 쏟아질 것이기에 꽤 괜찮은 아이디어라고 생각하고 시행했을 것이다. 그런데 역시 이 도시의 오래된 시민이자 상인이며 얼마인지 모르나 아마 적지 않은 기부금을 내는 한국인의 요청에 매우 난감했을 것 같다. 그러나 결국 이 요청을 묵살하기 어려웠던지 당장 시청 직원이 와서 일장기를 떼어 냈다고 한다. 그 한국인이 운영하는 가게를 찾아갔다. 4층 건물의 좀 넓은 1층에 매장이 설치되어 옷과 모자 등 여러 잡화를 팔고 있었다. 그러면서 언제라도 오란다. 자기 집에 빈 방이 많다면서 한국인이 오면 무료로 방을 내어 준다고 약속한다. 그러나 언제 내가 여길 다시 올 수 있을까? 다짐하고 다짐했던 프라하도 아직 다시 방문하지 못하고 있는데 말이다.

라인 강의 거친 물결을 따라 올라갔다. 물끄러미 바라본 라인 강에는 쉴 새 없이 화물선이나 유람선이 오가고 라인 강과 나란히 있는 철도에는 아주 자주 여객차나 화물기차가 오간다. 차창을 보니 새삼 날씨가 고맙다. 오늘따라 전형적인 맑은 여름날의 파란 하늘에 흰 구름이 종종 떠다니고 있고 라인 강과 철도 그리고 강 건너 아름다운 마을과 간혹 산허리나 꼭대기에 지은 자그마한 고성들이 그림처럼 어우러져 있다. 고즈넉한 아름다움과 산업발전이 환상적으로 조화를 이룬 독일 사람들의 지혜에 탄복한다. 분위기는 분명히 중세인데 시간은 현대를 앞서서 가로지르고 있으니 말이다. 아니 어쩌면 이 사람들은 두 개의 시계를 갖고 있는지도 모른다. 과거를 너무 쉽게 버리고 잃어버리는 나에게는 별난 세상임에 틀림없다. 이런 저런 생각에 빠져 있는데 나를 태운 차량이 산 속의 얕은 계곡을 좌우로 흔들리며 올라가고 있다. 로렐라이 언덕으로 가는 길에는 여러 명의 자전거 여행자를 만날 수 있었는데 길이 워낙 좁아 서로 조심하며 오르내린다. 몇 년 전에 열린 2012 올림픽을 맞이하여 중년의 중국 사람이 약간 개조한 자전거를 타고 중국에서 런던까지 왔다고 하는데 자전거에 인생의 의미를 두기도 하는 건 동서양이 크게 다르지 않은가 보다.

계곡을 오르니 약간 넓은 공터가 나타나고 적당히 큰 레스토랑이 나무, 꽃, 돌 등과 함께 아름답게 서 있다. 레스토랑 옆으로 돌아 들어가니 굽이치는 라인 강이 훤히내려다보인다 . 여기가 로렐라이 언덕이구나! 보기와는 달리 물살이 휘돌아감는 지점으로 2002년에는 여객선이 침몰하고 또 2009년에는 화물선도 침몰했다는데 현대적 기술로도 라인 강의 물살을 이기기는 어려웠나 보다. 그러니 과거에는 어땠을까? 많은 선원들이 이 언덕 밑을 통과하면서 어쩌면 물에 빠질 것을 고려해 크게 심호흡을 하지 않았을까? 또 그네들의 가족과 연인은 매번 얼마나 애를 태웠을까? 장미 속의 가시라더니 이곳이 우주에서 신이 정한 바로 그 곳인가 보다. 내려다보는 경치는 매우 훌륭하다. 시야는 확 트여 있고 건너편 기찻길에는 셀 수 없을 만큼의 독일 명차를 실은 기차가 연신 터널 속으로 들어가고 있으며 배 두 편은 나란히 라인 강물을 따라 유유히 떠내려가고 있다. 언덕 위에는 여행자들이 가득하고 레스토랑 종업원들은 하얀 제복을 입고 쟁반을 손에 받친 채 연신 주문한 음식을 나르고 있다. 자연스럽게 맥주 생각이 간절해진다. 여기에서라면 맛없는 한국 맥주도 맛있게 먹을 수 있을 것만 같다. 아, 언제쯤 서울에서도 독일이나 프라하, 칭다오에서 맛보았던 맥주 거품을 묻혀가면서 시원하게 마실 수 있을까?

레스토랑 의자에 당당하게 자리를 잡고 앉아 잠시 쉬면서 주위를 둘러본다. 약간 떨어진 곳에서 팔뚝에 시퍼런 문신을 하고 수염을 기른 사내가 넓은 손을 펼쳐 옆에 앉아있는 연인의 허벅지를 덮고선 손바닥의 모든 신경을 동원하여 사랑을 빨아들이고 있다. 담배를 입에 문 여인은 가끔 낄낄거리다가 담배연기를 공중에 흩뿌리면서 무슨 대화인지 쉼 없이 주고받는다. 독일 사람들도—그들이 독일인인지 아니면 다른 나라 사람인지 모르지만—로맨스를 즐기는구나! 아, 나의 이 독일 사람에 대한 딱딱한 편견이 언제쯤 인간주의로 돌아올 것인가? 레스토랑 건물 안에서는 무슨 모임인지 나이층이 다양한 사람 20~30명 정도 모여서 행사를 진행하고 있는데 사회자의 목청 큰 고래소리가 들리기도 하고, 또 알아듣지 못할 노래를 합창하다가 곧 박장대소하는 모습이 보인다. 친인척이 모두 모여 무언가 축하할 일이 있는 모양인데 인생에서 축하할 일이 있는 것은 정말 축하할 일이다. 성현들은 인생이 고해라고 하지 않았던가? 요즘은 서울대 학생들도 9급 공무원이 되기 위해 시험공부를 한다는 소리도 들린다. 불과 몇십 년 전에는 고졸이 보던 시험인데 말이다. 이것만 보아도 우리는 얼마나 고된 삶을 살고 있는지 짐작된다. 그것에 비하면 이곳 독일은 여유롭고 인생 자체가 행복해보인다. 물론 저네들도 이런저런 어려움에 부닥쳐 쓴 맛도 보고 하겠지만 전반적으로 부러운 존재들이 틀림없다. 최근에 나에게 축하할 일이 무엇이 있었는지 기억도 안 난다. 사소한 기쁨도 서로 축하해 주면 좋겠다는 생각이 들지만 축하 이벤트를 생각하면 손발이 오그라들려고 한다.

점심은 라인 강변 3층짜리 건물의 2층에 자리 잡았다. 이곳에 서는 다행히도 돼지고기에서 벗어나 생선튀김을 먹을 수 있었다. 이 사람들의 주식은 뼈에 살뭉치가 두툼하게 붙어 있는 돼지고기와 감자튀김이다. 몇 번은 그런 대로 먹을 수 있었으나 나중에는 냄새조차 조금씩 역겨워져 갔는데 토하기 전에 독일을 떠날 수 있어서 그나마 다행이었다. 독일은 음식 문화가 전혀 발달하지 않았단다. 혀의 느낌보다 배만 부르면 된다는 식인데 이 점은 독일답다.

건물의 1층 입구에 들어서니 정면의 흰 벽에 연도가 여러 개 표시되어 있다. 라인 강이 불어난 물을 감당하지 못해 에라 모르겠다 하고 토해 낼 때를 표시해 놓은 것이라고 한다. 어떤 해인가는 거의 1층 천정에 표시된 것으로 보아 거친 물살이 매우 포악스러웠을 것 같다.

강가 선착장을 향해 나서니 강바람이 조금씩 불어온다. 가까이 보니 강물 흐르는 속도가 지구상 그 어느 강보다도 빠르게 느껴진다. 어떤 힘과 위엄까지 느껴질 정도로 말이다. 강가에는 산책로와 쉴 수 있는 의자 몇 개가 놓여 있고 얼마 떨어진 곳에 하얀 옷을 입은 여인이 내가 있는 쪽으로 고개를 돌려 응시하고 있다. 갑자기 신이 미워졌다. 인간이 바벨탑을 쌓았기로서니, 그래서 신에게 약간 도전했기로서니 바벨탑만 무너뜨리면 될 것을 민족마다 말을 다르게 하라는 극약 처방을 내려버려 독일 여인과의 조우를 기대조차 하지 못하게 만들어 버렸다. TV와 소설에서나 느꼈던 유럽 사람들의 삶과 생각을 직접 탐구할 기회인데 멀찍이 바라만 보다 풍경 사진만 몇 장 찍고 말았다.

네커 강이 유유히 흐르는 하이델베르크에 들어섰다. 철학자의 길, 하이델베르크 성, 학생감옥, 또 하이델베르크 원인 등으로 유명한 곳이다. 도시는 눈을 나누어 고개를 돌리면 웬만큼 다 보일 만큼 그리 커 보이지 않는다. 네커 강에 놓인 멋진 다리가 먼저 눈에 들어온다. 유럽의 오래된 어느 다리와 마찬가지로 이 다리에도 조각과 입장하는 문 등이 설계되어 있다. 남의 조상이 고맙다. 이렇게 예쁘고 아름다운 다리를 걸을 수 있게 해주다니! 더구나 고성에서 내려다본 하이델베르크의 경치는 아무리 눈에 넣어도 그 양이 부족하다. 다리 입구 한편에 청동으로 만들어진 좀 커다란 동물상이 보이고 그 밑에 아주 작은 설치류인 쥐 두 마리가 놓여 있다. 무슨 사연일까? 궁금함을 해결할 방법이 없어 머릿속에서 애써 지우고 다리를 건너 철학자의 길로 향한다. 철학자의 길은 그리 높지 않은 산 중턱에 있는데 올라가는 길은 무언가 기대를 갖게 하기에 충분하다. 잔뜩 이끼가 낀 돌담과 우직한 나무로 둘러싸인 좁다란 입구를 10여 분쯤 오르면 작은 탄성 하나 그리고 실망 하나가 이어진다. 칸트가 오후 세 시면 정확하게 지나가서 사람들이 시간을 알았다는 그 길에는 눈에 담을 만한 아무것도 없다. 물론 이 이야기는 말 그대로 설이란다. 잘못된 이야기를 누가 꾸며 냈을까? 덕분에 철학에 관심이 있거나 말거나 여행객을 끌어 들이는 수단으로는 최고이다. 단지 좀 널따랗게 뜯어진 아스팔트길이 놓여 있을 뿐인데 다만 그 길에서 내려다보는 하이델베르크의 전경은 환하게 내 눈을 만족시켜 주기에 부족함이 없다. 헤겔이 이곳 대학인 하이델베르크대학 교수 시절 자주 이 길을 걷긴 했단다. 칸트, 헤겔, 야스퍼스 등 그 무시무시할 만큼 위대한 철학자들이 다 독일인이었군. 근대 정신문명과 기술문명에 뒤쳐진 우리 민족의 콤플렉스를 요즘 한류로 조금 때우고는 있지만 저 위대한 철학자들을 태어나게 한 정신적 토양이 부럽기만 하다. 물론 우중충한 날씨 탓에 철학자와 과학자가 많이 생겨났다고는 하지만 말이다. 그렇더라도 철학자의 길을 폼 나게 걸으며 철학을 하고 싶은데 이곳 역시 데시벨이 이미 최고치에 다다라 있다. 중국에서 수학여행 온 듯한 학생들―한국 학생은 고작해야 중국이나 일본으로 갈 텐데 중국 학생들은 이 먼 유럽으로 오는 모양이다―은 저마다 우주에서 신기한 것을 발견이라도 한 듯 재잘거림 수준을 넘어 5일장 장마당 수준으로 올라섰다. 앞으로 저들의 중화사상에 유럽문화를 접목하면 앞으로 과연 어떻게 될까? 주변국인 우리로서는 참으로 두려운 현실이다.

길을 내려와 꿈결 같은 행복을 발견했다. 한국의 여대생으로 보이는 딸이 엄마 손을 꼭 잡고 여행을 다니고 있다. 엄마의 얼굴은 전혀 화장기가 없는데 태어나서 농사밖에 지을 줄 모르고 살아왔다고 한다. 농사일로 검을 대로 검어진 얼굴은 왜소하고 마른 몸을 더욱 작아 보이게 하지만 딸의 손에 이끌려 나온 모녀의 정감 넘치는 눈빛은 너무나도 행복한 표정을 짓고 있다. 철이 일찍 든 예쁜 딸은 지금까지 외국 여행이라고는 해본 적이 없는 엄마와 함께 독일 여행을 하고 있는 것이다. 자식을 잘 두었다는 것이 저런 것일 테지! 재미있는 여행이 되기를 기원하며 다리를 건너왔다.

하이델베르크 고성으로 오르는 길은 고맙게도 철도가 놓여 있어서 여행자의 아픈 다리를 쉬게 해준다. 고성은 전반적으로 붉은 빛이 도는 돌로 지어졌는데 1220년대에 건축이 시작되어 16~17세기를 지나면서 지금과 같은 르네상스 양식의 외형을 갖추게 되었다고 한다. 그동안 30년 전쟁, 프랑스의 공격 등으로 성이 파괴되는 등 수난을 겪기도 했다고 하는데 실제로도 많이 파손되어 수직이어야 할 탑이 기울어져 버렸다. 프리드리히 5세가 영국으로부터 데려온 아내 엘리자베스에게 하루 만에 지어 선물했다는 엘리자베스의 문을 지나면 널따란 영국식 정원이 조성되어 있는데 지금은 형태만 남아 잔디와 덩치 큰 나무가 그 자리를 지키고 있다. 성의 지하에는 거대한 술 창고가 있는데 제일 큰 것은 22만 l의 포도주를 담을 수 있고 실제로 여행객들이 이 술통을 타고 넘을 수 있도록 길이 나 있다. 그렇게 큰 포도주통이 왜 필요했는지 모르지만 말이다. 고궁에서 시내가 내려다보이는 전망 좋은 곳에 다다랐다. 예나 지금이나 전망 좋은 곳은 권력 있는 사람들 몫인가 보다. 어느 곳에서 왔는지 모르지만 몇몇 사람들이 같은 공간에서 같은 배경으로 사진 찍기에 바쁘다. 여행은 동서양을 만나게 하고 과거와 현재를 만나게 하는 능력자이다. 네커 강을 끼고 들어선 하이델베르크의 건물 하나하나가 카를 테오도르 다리를 중심으로 균형감 있게 조성되어 있다.

이곳은 하이델베르크대학을 중심으로 형성된 대학 도시이다. 도시 여기저기에 대학 건물이 흩어져 있는데 먼저 강당으로 보이는 제법 큰 건물로 들어섰다. 안내인을 따라 계단을 오르는데 벽에 붙어 있는 열 명의 사진이 노벨 수상자들이란다. 자기들에게는 긍지로, 우리에게는 부러움으로 다가오는 사진들 속의 인물을 살펴보며, 훌륭한 문화와 전통 그리고 조상을 갖고 있는 나라에 태어난 사람들은 그렇지 않은 민족보다 같은 지구에 살면서 훨씬 많은 혜택을 누리고 살고 있다는 생각에 살살 배가 아파 온다. 우리나라에서도 갖은 노력 끝에 노벨평화상을 목에 건 노년의 부부가 서로 부둥켜안고 기뻐했다고 한다. 노욕에 눈이 멀어 국력과 금력으로 메달을 샀다는 일부 국민의 조롱도 전혀 들리지 않았겠지. 노벨평화상 받았다고 전국을 현수막으로 도배한 나라가 우리나라 말고 또 있을까? 그 후로도 이 노벨평화상은 수상자를 두고 논란이 많다. 노벨평화상을 주지 않으면 직무유기라도 되는지 억지로 만들어 주다 보니 수상자 선정에 수긍하기 어려운 지구인들의 원성을 사게 마련이다. 적당한 사람이나 기관이 없으면 생략하면 안 되는 걸까? 갖은 술수와 잔

머리에 능한 현직 정치인들이 이 상을 수상하는 것은 화성이 아니라 안드로메다에서도 이해하지 못할 일임에 틀림없다. 아니면 정치인들은 아예 빼고서 심사해야만 한다. 숨어서 이름 없이 희생하고 봉사하는 성직자를 비롯한 무수한 사람들을 더 이상 희롱하지 않으려면 말이다.

하이델베르크의 하늘이 어두워지더니 금방 비가 내린다. 준비성이 부족한 탓에 비를 맞으며 언제 또 올지 모를 거리를 걷는다. 여기저기 늘어선 자그마한 가게들 안에는 자그마한 기념품이라도 사려는 여행객들이 보이고 허기를 달래줄 먹거리 앞에서는 잠시 후면 음식을 맛볼 기쁨에 표정이 환한 사람 몇 명 서 있다. 몇 시간 전에 보았던 한국인 모녀가 아는 체를 하며 어디론가 뛰어간다. 미소로 그네들을 쳐다보면서 이제 나의 여행이 끝났음을 깨닫는다.

나흘 묵었던 호텔방을 둘러보고 미련 없이 체크아웃한다. 늘 웃는 게 업무인 프런트 직원들에게 무언가 멋진 인사말을 남기고 싶은 데 '쌩큐'로 단언하고 마는 여행객은 지구 전체에 오직 나 한 명뿐이지 않을까?

Russia

끝나지 않은 전쟁

전쟁은…

전쟁은…

삶의 또 다른 유언일까.

예술의 나라,
대문호의 나라

러시아는 넓다. 넓어도 끝없이 넓다.

유럽 북쪽 끝에서 발원했을 러시아는 그 땅의 끝이 연해주를 거쳐 베링 해까지 다다랐다. 시베리아를 중심으로 동서로 양 날개를 펼친 모양으로 정치·경제의 중심은 여전히 모스크바지만 쿠릴열도를 지키기 위한 저들의 노고를 보면 동방의 위상도 결코 작지 않아 보인다. 작년과 올해는 러시아 여행이 팔자에 포함되어 있었는지 몰라도, 작년에 여행팀을 급조하여 블라디보스토크를 중심으로 한 연해주를 돌아보았는데 올해에는 제정 러시아의 수도 상트페테르부르크(이하 상트)와 소련 이후 권력의 중심지가 된 모스크바를 여행하게 되었다. 도시 이름이 길면 여행기를 쓰는 입장에선 여간 불편한 게 아니다. 그런 면에서 한국과 중국이 단연 심플하고 좋다. 지금도 사회 숙제로 국가명과 그 나라의 수도명을 연결하여 외우게 하는지 몰라도 수도 이름이 긴 경우 도무지 외워지지가 않아 매우 고통스럽다. 외운 도시는 반드시 여행하게 된다는 무슨 원칙이라도 있으면 단 한 시간 안에 모두 외워버리겠지만 말이다. 아무튼 러시아의 동과 서를 자연스럽게 비교할 수 있는 기회를 얻게 된 셈이다.

그러나 그 러시아로의 출발은 처음부터 벽에 부딪쳤다. 난 여행지가 결정되면 여행가이드북을 우선 손에 넣고 해당 도시 지도에 구체적으로 표시해 가면서 머릿속에 도시를 나름대로 구성하곤 한다. 그런데 스스로 G8이라는 러시아의 여행가이드북이 대한민국의 엄청난 출판물 속에 단 한 권도 존재하지 않으리라고는 결단코 상상하지 못했다. 여기저기 인터넷 서점 검색창에 무수하게 러시아를 외쳤건만 돌아오는 것은 가이드북이 아닌 일반 서적뿐이었다. 유럽의 유명 여행지를 묶어 놓은 성경 두 배만큼 두꺼운 가이드북에도 러시아는 쏙 빠져 있는 것이 아닌가? 다만 론리플래닛이라는 유명한 가이드북 회사에서 출판한 것이 있는데 영어판뿐이다. 영어를 거지보다 더 싫어하는 내게 말이다. 순간 깨닫는다. 한국에서 러시아로의 배낭여행은 하루에 열 명도 되지 않는다는 것을! 그렇지 않고서야 어떻게 그 흔한 가이드북 한 권 없을까. 하는 수 없이 한국어와 러시아어를 동시에 구사할 수 있는 현지의 여행가이드를 섭외하고서야 짐을 꾸리는 손길이 빨라졌다.

여름은 짐이 가벼워 좋다. 상트에 사는 여행가이드의 한국인 아내가 카톡으로 내게 부탁한다. 자신들의 아기가 두 번째 생일을 맞이했는데 외할머니의 선물을 가져다 줄 수 있겠느냐고. 물론 승낙했다. "남자 짐이 뭐 있겠어요?" 하면서 말이다. 택배로 내게 온 선물박스를 짐의 크기를 줄일 생각으로 주인의 허락 하에 열어 보았다. 거기에는 외할머니의 선물이 가득했다. 신발, 옷가지, 장난감 그리고 과자들. 순간 나는 이 박스를 원형 그대로 전달하기로 결심한다. 외할머니의 귀한 손자사랑을 조금도 훼손하지 않은 채로 전달하고 싶어졌기 때문이다. 먼 타향의 딸과 손자에게 그 사랑이 고스란히 전달되기를 기대하면서 말이다. 공항버스에 올라타니 버스에 스며드는 햇빛에서 여행 향기가 솔솔 묻어 나오는 것 같다. 내가 탄 버스는 리무진버스로 일반 버스에 비해 버스값이 50% 정도 더 비싸지만 여행 기분을 잔뜩 업시키기 위해 기꺼이 쏟아 붓는다. 한 곳에 자리를 잡고 뒤돌아보니 반대편 쪽이 좀 더 마음에 든다.

새로 산 백팩을 들고 자리로 가니 뒤에 앉아있는 젊은 여성이 내 팔걸이에 발을 올리고 있다. 여름철 노출을 대비한 패디큐어도 칠하지 않은 버릇없는 다리는 앞자리에 손님이 왔는데도 치우려고 하지 않는다. 어쩌면 결코 길지 않은 다리를 앞좌석 의자 팔걸이에 걸치고 잠이라도 청하면서 가려던 심사였는데 불청객이 나타나 불편했는지도 모르겠다. 순간 내 마음은 빠른 속도로 불쾌해진다. 남을 배려하고 손해 끼치지 말라는 가정교육을 하지 않는 문화라 하더라도 꼭 가르치지 않아도 행해지는 인간의 기본 매너라는 게 있는데 이 여자는 지금 그것을 무시하고 있는 것이다. 마음속의 불편함을 감춘 채 의자에 앉은 나는 몇 번이나 뒤를 돌아보고 욕설에 가까운 큰 소리로 윽박지르는 상상으로만 내 마음을 위로하고 있었다. 과연 이 여자가 언제까지 그 자세를 유지했는지는 모를 일이다. 아마 바로 발을 내렸겠지! 이렇게 뒷담화할 것이 아니라 정중하게 발을 내려줄 것을 요구했어야 했을까?

　매스컴은 연일 휴가철을 맞아 공항 이용객이 신기록을 세웠다고 빠른 말을 쏟아낸다. 오늘은 그 휴가철의 절정인 금요일! 머리를 백 번쯤 빗질하고 특히 입술에 포인트를 준 예쁜 앵커가 전해준 소식대로라면 경찰 추산 100만 명 정도의 여행객이 서로 몸을 비벼가며 붐벼야 하는데 평소 주말 정도 수준으로 보인다. 환전소에 가서 예약해 둔 루블을 찾고 티켓팅과 짐을 부칠 때도 전혀 줄을 서지 않았다. 지금이 오후 시간이니 새벽부터 오전까지 이미 사람들이 벌써 다 빠져 나간 것일까?

　나를 실은 비행기가 공중으로 붕 떠올랐다. 사람들은 본능적으로 공중을 향해 발이 떨어지는 것을 두려워한다. 드러내 놓고 고소공포증을 호소하는 이들도 적지 않다. 나 역시 여행이 가져올 환희와 기쁨으로 두려움을 누르고 있을 뿐, 차량사고와 비교할 수 없을 만큼 사고가 희박하다는 그놈의 통계를 믿고 잊으려고 애쓰고 있다. 더구나 최근에 유난히 비행기 사고가 많은데 아직도 행방이 묘연한 쿠알라룸프발 베이징행 비행기와 우크라이나 사태로 불시에 미사일을 맞고 공중에서 산산이 부서진 말레이 비행기 그리고 얼마 전 아프리카에서도 비행 중 산속에 떨어지는 일이 있었다. 이쯤되면 목숨 내놓고 비행기를 타야 하는데 어쨌든 난 살아서 돌아와 이 글을 쓰고 있으며 앞으로도 시간과 달러가 내 손에 쥐어지는 날이면 언제든 날아갈 태세가 되어 있다.

이런 약간의 불안은 기내식을 받으면서 환희로 바뀌어 버렸다. 흔히 이코노미석의 기내식은 질긴 소고기 두어 조각에 멀겋고 정체 모를 맛을 가진 소스로 뒤범벅한 것을 주든지 아니면 대신 치킨을 줄 뿐이다. 그야말로 먹으려면 먹고 먹기 싫으면 말라는 식이다. 그런데 이 날 기내식은 아주 특별하다. 일단 음식을 담은 쟁반이 평소 받던 것의 1.5배쯤 된다. 거기에는 낙지비빔밥이 담겨 있는 게 아닌가? 와우! 땅보다 우주가 가까운 상공에서 바다 밑 생물을 양념해서 버무려 먹는 이 놀라운 체험! 이 음식을 내게 선사한 하늘 위의 선녀, 스튜어디스는 얼굴뿐만 아니라 마음도 세상에서 제일 아름답다는 것을 조금도 의심하지 않는다. 입맛을 다시면서 싹싹 긁어 먹은 후 위스키를 한 잔 마시고 서서히 깊은 잠에 빠져 들었다.

유럽 여행에서 빼놓을 수 없는 좋은 점 하나는 시차가 다섯 시간 내지 일곱 시간으로 서울에서 아침에 출발하면 비행기를 아홉 시간 이상 타고도 점심 때 도착한다는 사실이다. 즉 일생 중 어느 하루를 아주 길게 사는 건데 출발한 날은 30시간을 살아도 여행의 흥분된 도가니에 휩싸여 힘든 줄을 모른다.

오후에 출발한 비행기가 저녁시간에 상트페테르부르크 공항에 도착했다. 8월 초순 저녁 아홉 시경 상트의 하늘은 백야가 남아있어서 빛이 어두워질 낌새가 아직 없다. 비교적 시내 중심가에 미리 예약해둔 호텔로 가서 체크인을 하는데 이 망할 나라는 공산주의 잔재가 남아있어서 호텔에 투숙하는 외국인은 하룻밤이라도 거주 신청을 해야 하는데 150루블 정도의 수수료를 지불해야 한다. 거주 신청 없이 자유롭게 드나들수록 하는 게 그렇게 힘든 일일까? 물론 행정에는 그 나라만의 역사와 문화가 담겨 있을 테니 무작정 우기기도 어렵지만 같은 공산권 국가이었던 베트남도 호텔 프런트에서 여권만 확인하면 되는데 구소련을 위시한 주변 국가들이 아직도 KGB의 유령에서 벗어나지 못한 것 같다. 나도 모르게 약간 찌그러진 미간을 펴지 않은 채 볼쇼이 극장 그림이 있는 루블화를 내던지듯 수수료를 지불하고 난 후에야 여권을 돌려받을 수 있었다.

한 나라에 입성한 첫날, 술부터 찾는 게 상식처럼 되었다. 여행에 들떠서 그렇기도 하겠지만 무엇보다 맥주 맛이 궁금하고 또 술집에서 우연히 현지인과 조우하는 기쁨을 맛볼 수도 있기 때문이다. 언젠가 호치민에 갔을 때 호텔 주변에서 일행들과 골목길을 배회하며 베트남 소주와 맥주를 양껏 마신 적이 있다. 뇌가 알코올에 침식당해 발음도 부정확해지고 또한 얼굴은 피부 발작 수준으로 벌겋게 바뀐 상태에서 호텔로 들어오다가 그만 길거리에 있는 베트남 연인에게 눈길이 꽂혔다. 난 일행의 손을 뿌리치고 그들에게 다가가 소통할 수 있는 공동의 언어가 없었는데도 같이 길거리 주점에 앉아 무려 새벽 세 시까지 또 마셔댔다. 나는 사랑보다는 술이 더 국경이 없다는 것을 그때 확실하게 깨달았다. "모 타이 바 요!"를 외치면서 "아이 러브 베트남!"을 수십 번 넘게 부르짖었던 기억이 떠오른다. 전 세계에 파견된 대사관에 나 같은 사람 한 명 정도는 정말이지 꼭 필요하지 않을까?

술은 어둑어둑해야 맛이 돌아오는데 상트의 하늘은 쉬 어둠을 내려줄 것 같지 않다. 그러나 근처 펍에 들어가니 이들은 어두운 조명으로 술맛을 돋우고 있는 게 아닌가? 심지어 메뉴판 글씨가 잘 안보여 눈을 가까이 들이밀어야 했는데 안타깝게도 영어를 나보다 천만 배쯤 싫어하는 러시아인들은 모든 메뉴판을 러시아어로만 그려놓았다. 이럴 때는 다른 테이블을 재빠르게 훔쳐 보는 게 노하우라면 노하우다. 바로 옆 테이블에서 마시고 있는 생맥주를 가리키며 손가락으로 개수를 알려주고 안주는 메뉴판의 그림을 찍었다. 친절한지 친절하지 않은지는 알 수 없지만 어쨌든 내 손가락을 응시하던 종업원은 알듯 말 듯한 심하게 옅은 미소를 내뱉고는 휭하니 사라졌다. 러시아에서 처음 만나 가장 가까이에서 보는 새로운 인종인데 그 인종을 탐색할 틈도 주지 않고 말이다. 맥주 맛은 비교적 마음에 들었는데 나중에 안 사실이지만 대부분의 펍이나 레스토랑에서 로컬 맥주는 한 종류뿐이고 독일 등 수입 맥주가 메뉴에 몇 개 더 있단다. 놀라운 것은 맥주값인데 500cc 한 잔에 무려 450루블이나 받는다. 물가로는 뉴욕을 따라잡은 러시아에게 경의의 박수를!

밤 열한 시가 넘어 펍에서 나오니 비로소 상트는 밤의 도시가 되었다. 상트 강을 따라 잠 못 드는 수많은 영혼들이 물길 따라 거닐고 있다. 약간 서늘하면서도 따뜻한 체온이 남아있는 공기가 얼굴에 닿을 때마다 촉각이 살아나는 것만 같다. 눈과 코는 페르몬을 찾아 킁킁거리지만 운 없게도 아무것도 찾을 수 없었다. 9시간이나 그 좁은 비행기를 참고 날아온 나에게 상트는 아무것도 선물하지 않은 채 첫날밤이 흘러갔다.

남자에게 있어서 러시아 하면 떠오르는 것은 고상한 푸시킨이나 톨스토이가 아니다. 단연 미인천국으로서의 러시아이다. 중부 유럽을 거쳐 이곳 러시아 쪽으로 올라오다 보면 확연하게 느낄 수 있는데 푸른 초목은 엉성해지지만 신기하게도 그에 반비례하여 여인들의 고운 자태가 무척 빼어나다는 것이다. 아마 신이 유럽을 창조하실 때 중부 이하에는 멋진 풍경을, 러시아를 비롯한 추운 지방은 그에 버금갈 미녀를 분배하신 게 분명하다. 그럼 한국은 뭐지? 그다지 빼어난 풍광이나 내세울만한 미인국도 아니니 말이다. 아무튼 이 슬라브족 여자들에 대한 칭송은 그 역사의 뿌리기 깊을 터, 더 말해 무엇하랴! 희고 긴 다리는 거침없이 거리를 활보하고 있고 그녀들의 가슴은 신이 비상식량이라도 숨겨놓을 생각이었는지 윗옷을 팽팽하게 당겨 놓았다. 또한 적당히 깊은 눈매와 알맞은 각도로 거침없이 솟구친 코 그리고 말 그대로 예술 작품 같은 예쁜 입술이 흰 도화지 위에 펼쳐져 있는 모습을 아무리 뛰어난 작가라도 그대로 그려내기란 쉽지 않을 것만 같다. 러시아에서 만난 27살 청년에게 "당신은 미인이 많은 나라에서 태어나서 참 좋겠군요."라고 사실대로 말하니 "한국 여자가 더 예쁘잖아요."라고 거짓말을 한다. 나쁜 녀석!

민스크에도 가려고 했다. 그러나 이 나라 남자들은 자기네 여인들이 외국 남자들에게 칭송받는 게 싫은 건지 아니면 질투하는 건지 꽁꽁 문을 닫아놓아 비자 받기가 여간 어려운 게 아니다. 이리저리 알아보다가 그만 포기했지만 사나이 굳은 의지로 언젠가는 다시 시도해서 반드시 베네수엘라와 쌍벽을 이룬다는 벨라루스의 미인들을 먼발치에서라도 훔쳐보고야 말리라.

8월 초 상트의 아침공기는 무척 상쾌하다. 그도 그럴 것이 도심 가운데 상트 강이 흐르고 주변에 운하가 있으며 멀지 않은 곳에 발트 해가 대기하고 있다. 햇살은 처녀의 숨겨놓은 속살처럼 하얗게 빛나며 가끔 불어주는 바람은 길게 흩날리는 처녀의 머릿결처럼 간지럽고 향기롭다. 코를 잔뜩 벌려 숨을 깊게 들여마신 후 하루 일정을 생각한다. 사실 상트는 최소한 사나흘 정도 돌아다녀야 할 곳임에 틀림없다. 그럼에도 시간과 사투를 벌이고 있는 나는 달랑 하루, 아침 열 시부터 밤 열한 시까지 단 열세 시간만 투입하는 실례를 범하고 말았다. 피터 대제의 분노를 볼 것만 같아 오금이 저리지만 이 열세 시간을 최선을 다해 돌아보리라 결심했다. 하지만 역시 물리적 한계는 쉽게 벗어날 수 없다는 것을 떠날 때쯤 깨닫고 있었다.

나를 실은 버스는 상트의 교외에 위치한 여름궁전이 있는 삐쩨르부르크를 향해 달리기 시작한다. 창문을 열어 놓으니 바람결에 내 머리칼이 박력 있게 리듬을 탄다. 기분 좋은 느낌으로 거리를 응시하며 이 마을에 사는 사람들의 세상 살아가는 법을 조금이라도 들여다보려 노력해보지만 지나가는 표정 속에서 속내를 단박에 알아내기란 여간 불가능한 일이 아니다. 한 시간쯤 걸렸을까? 입구에 사람들이 서서히 몰려들기 시작한다. 다른 여행객들을 보니 조금 흥분도 되고 들떠서 아이스크림 하나 입에 물고 40루블을 기꺼이 지불했다. 매표소는 길가에 늘어선 건물 뒤편에, 여름궁전 한 귀퉁이와 나란히 있는데 러시아에서는 보기 힘든 알파벳으로 '티켓'이라고 써 놓았다. 영어를 미워하는 러시아라도 돈 버는 곳인 만큼 써야겠지. 입장료는 조그맣게 쓰여 있는 숫자, 500을 보고서 짐작할 수 있을 뿐이다.

여름궁전 안의 120여 개쯤 된다는 분수는 이미 제각각 물줄기를 허공에 대고 내뿜고, 파란 하늘과 푸른 나무, 예술 작품인 무수한 조각들이 궁전의 풍경을 만들고 있다. 유럽의 조각에 익숙지 않은 까만 눈에는 대리석이 아닌 금색으로 칠한 조각들이 신기하게 느껴졌다. 금빛의 화려함으로 다른 유럽의 고결한 맛을 이겨보려는 심산이었을까?

여기가 러시아 왕족과 귀족의 여름 휴양지, 궁전이다. 넓고 넓은 궁전에는 여기저기에서 모여든 여행객들의 수많은 머리가 줄을 지어 다니고 있다. 기념사진이라도 남길 생각으로 궁전 앞 중앙에 자리를 잡는데 그런 생각은 나만 하는 게 아닌가 보다. 너도 나도 사진 찍느라 여념이 없는데 이 상황에서 궁전의 맛을 살린 사진을 찍는다는 건 도저히 불가능해보인다. 여름궁전은 바깥 생활에 초점이 맞추어 설계되어 건물 안은 초라(?)하단다. 초라한 곳이라도 들여다보고 싶은데 출입을 막았는지 그곳으로 발길을 돌리는 사람이 보이지 않는다.

정원과 숲으로 잘 조성된 궁전 숲길을 어슬렁거리며 오고가는 사람들을 구경하기도 하고 바다까지 이어진 길을 따라 사진도 찍으면서 거의 두세 시간을 보냈다. 워낙 넓어서 어디쯤인지 알 수 없으나 이곳을 만들었다는 피터 대제의 말 탄 동상이 보이고 사람들이 그 밑에 루블 동전을 던져 올린다. 대제 발밑에 던져 올리기를 성공하면 행운이 있다고 생각하는 모양인데 반대편에서 던져 떨어진 동전을 주워 서로 신중하게 재차 던지곤 한다. 나도 두어 개 주워서 해보았으나 역시 행운은 꼭 노력한다고 오는 건 아닌가 보다. 분수에서 노는 아이들을 물끄러미 쳐다보다가 한쪽을 보니 러시아 왕족 부부 복장을 한 커플이 눈에 띤다. 기꺼이 그들의 돈벌이에 동참하여 150루블을 주고 기념사진을 찍었는데, 원래는 러시아 귀부인으로 치장한 여자와 찍고 싶었으나 눈치 없는 왕족이 내 어깨에 손을 올려놓고 카메라를 보고 웃고 있는 것이 아닌가? 나쁜 놈 같으니라고!

다시 버스를 타고 돌아오는 길에 숲 속을 보니 높아진 햇살에 잔디에 누워 있는 수많은 비키니 여인들이 보이기 시작한다. 그러고 보니 오늘은 기분 느긋한 주말! 이들에겐 행복한 주말이고 나는 더 행복한 여행자다. 점심시간이 조금 지나 카잔 성당 부근의 식당에 자리를 잡았다. 스칸디나비아 레스토랑이라고 간판이 걸려있는 패밀리 레스토랑인데 서빙하는 젊은 청춘들의 밝은 표정이 무척 마음에 든다. 내부 장식은 러시아 풍으로 잔뜩 덧칠한 듯한데 무언가 다른 동네 액자와 마구 섞여 있는 듯한 냄새가 난다. 아무튼 오늘은 러시아 음식과 이 동네 맥주로 비어있는 위를 가득 채우기로 결심하고 메뉴판을 열어젖혔다. 하지만 역시 우렁찬 러시아어뿐! 해독하지 못할 메뉴판을 들고 순전히 운에 기대어 주문한 음식이 이상한 모양으로 내 코에 도달하는 상상만으로도 공포감이 느껴진다. 메뉴판을 들고 낑낑대다가 다행히 건너편 테이블에서 좀 늦은 점심을 먹는 현지인들의 접시 안에 담긴 음식을 보니 내 혀가 심하게 반항할 것 같지 않아 손가락으로 주문했다. 스마트폰 카메라로 레스토랑을 스케치하며 시간을 어느 정도 흘려보냈을 즈음 주문 당한 음식이 내 앞에 나타났다. 다행히 현지인들이 먹고 있던 음식은 러시아의 국대 음식인 '샤실릭'이어서 오늘의 식신은 나를 괴롭히지 않았다. 먼저 나온 빨간 수프 보르쉬를 수저로 떠먹으며 혀를 자극한 뒤 꼬치에 꽂힌 양고기를 하나씩 떼어 칼로 적당히 자른 후 잘근 잘근 씹어 먹는데 마음에 들었는지 내 위장은 한없이 샤실릭을 원했다. 샤실릭과 동네 생맥주 한 잔이 빚어내는 조화! 한 시간 이면 족할 점심시간에 거의 두 시간이나 투자해버려 예정된 일정 한두 개는 우주 공간 어디론가 사라져 버렸지만 든든한 배 속은 후회 없는 만족감을 뇌에 보내고 있었다.

배부른 오후, 아침나절의 호기롭던 태도는 어느덧 사라지고 술 취한 것처럼 흐느적거리는 모습을 발견한다. '그래 많이 보는 게 최선인가? 하나를 보아도 제대로 느끼는 게 중요하지!' 세계에서 세 번째로 크다는 성이삭 성당은 아무리 동공을 넓혀도 실내가 전부 들어오지 않아 광각렌즈라도 눈에 끼워야 할 판이다. 그 무지막지했다는 독일 침공을 신앙과 오기로 이 성당에서 버텨냈다고 하니 러시아인의 자부심이 잔뜩 묻어 있을 법하다. 가톨릭에 무지한 나는 숱한 동상과 그림 그리고 뛰어난 모자이크를 눈요깃감으로 변질시키는 죄를 범하고 그저 규모에 감탄만

하고 있다. 그나마 나를 압도하는 그 무엇인가에 가끔은 성호를 그으면서 러시아를 구한 위대한 신을 향하여 자비 한 자락이라도 나누어 주시길 빌어 본다. 내부를 둘러본 후 종탑 전망대에 오르기 위해서는 티켓팅을 다시 하고 줄을 지어서 좁디좁은 스크루 계단을 거의 300계단쯤 내딛어야 한다. 계단 중간중간에서 터질 것 같은 배를 들썩이며 가쁜 호흡을 내쉬는 슬라브족들을 추월해 올라가니 탁 트인 상트의 전경이 펼쳐진다. 산이 없는 평지이기 때문에 눈이 허락하는 한 저 멀리까지 내다보이는 터라 이곳 주민들도 가끔씩 찾아 올라올 것 같다. 둥근 전망대를 한 바퀴 돌면 상트의 360도 모두를 관망할 수 있는데 다만 사람들이 너무 많아 가만히 서서 도시를 감상할 수 없다는 아쉬움이 있다. 제정 러시아의 수도에 걸맞게 도시는 윤곽이 뚜렷하고 하나하나 살피면 역사가 묻어 나올 텐데 말이다. 반면 정치와 경제의 축이 모스크바로 넘어간 뒤로 활력이 떨어져서 마치 추억으로 한가로운 날을 보내는 노인의 힘없는 눈동자 같이 느껴진다. 하긴 역사로 유명한 도시는 다 비슷비슷한 느낌이다. 역사도시에서 관광도시로의 변모도 필연처럼 마찬가지이다.

오전에는 여름궁전, 오후에는 겨울궁전! 상트 강변에 위치한 겨울궁전의 외관은 궁전이라기보다는 차라리 18세기에 지은 아파트 같은 모습으로 길다랗게 누워있는 모습이다. 돌로 튼튼하게 지은 벽체는 얼마나 두꺼운지 코끼리 배만 하고 금빛으로 수놓은 실내의 화려함은 천국의 스위트룸과 비교해도 손색이 없을 것만 같다. 관광지로 변한 후 에르미타쥐 박물관으로도 활용하고 있는데 이곳은 세계 3대 박물관이라고 한다. 그 말을 듣는 순간, 러시아도 영국이나 프랑스 그리고 일본과 같이 다른 나라의 예술품을 훔쳐오거나 빼앗아 왔을까 궁금해진다. 다른 나라처럼 드러내 놓고 운반해오진 않았을지 몰라도 수많은 전쟁을 통하여 노획한 것들이 섞여 있겠지. 그러고 보니 남의 나라, 다른 민족의 문화재를 많이 보유하고 있는 나라가 강대국처럼 여겨진다. 언제쯤 우리나라 문화재가 우리 땅에서 그간의 서러움을 토로할 날이 돌아올 수 있을까?

겨울궁전의 수많은 보물과 문화재 그리고 위대한 화가가 남긴 작품들, 하나하나 역사적 배경이 담겨있는데 관광객의 한계를 벗지 못한 나는 아파오는 다리, 침침해지는 눈, 살짝 배어 나오는 땀으로 의욕을 거의 상실해가고 있었다. 이탈리아 신화에 나오는 일일이 기억하기도 힘든 조각상―이 조각상들이 왜 러시아에 있는지 모르겠지만, 아마 카피본일까?―을 지나가다가 제우스신 앞에 다다랐을 때 기적이 일어났다. 수많은 신 중 최고의 신이라고 여겨지는 제우스 상을 배경으로 포즈를 취하는데 어디서 갑자기 나타났는지 러시아 대학생들이 같이 찍자고 우르르 모여드는 게 아닌가? 박물관도 살아있고 신도 살아있다! 애써 다가가 어렵게 청할 엄두도 내지 못했는데 순간 벌어진 기적이라니! 하나님, 제우스님, 고맙습니다. 그렇게 짧은 촬영 후 대학생들이 연기처럼 휙 사라졌다. 정말 제우스가 보내준 순수한 영혼들이 아니었을까?

2014년 봄, 서울에서 렘브란트 특별전이 열려 관람한 적이 있다. 에르미타쥐 박물관의 어느 구역에 가니 어디에서 봄직한 작품들이 눈에 보이기 시작한다. 와우! 봄에 보았던 진품들이 원래의 그 자리에 떡하니 걸려있다. 물어보니 봄에 서울로 가져가서 전시하고 왔단다. 갑자기 반가운 생각에 보고 또 보고…. 그림에 대한 이해 없이 그저 눈의 황홀함만으로 만족한 나는 둔탁해진 발바닥을 두드리며 밖으로 나와 상트의 공기를 흡입한다.

이제 남은 계획 중 무엇이 남았을까? 아, 피의 사원. 유명한 화가들이 직접 도안하고 만들어서 정성 가득한 모자이크화로 가득 찬 사원이다. 굳이 안에 들어가지 않더라도 곁에 있는 것만 보아도 느낌이 꽉꽉 오는 곳인데 주변은 여행객을 비롯하여 오가는 사람들이 넘쳐난다. 너도 나도 카메라를 들고 기억을 모자이크하는 모습을 보는데 어느 할아버지가 굵어진 이마 혈관을 잔뜩 곤두세우고 쏘뮤직을 연주하고 있다. 흔히 볼 수 없는 톱 연주는 차갑고 날카로운 이빨을 드러내고 있음에도 청아한 맛으로 귓가를 유혹해 한참 동안 이름 모를 곡을 감상하게 만든다. 길게 늘어뜨린 하얀 머리칼과 두터운 눈매 그리고 햇빛에 익은 붉은 얼굴, 카메라를 들어 몇 컷 찍었다. 나중에 알고 보니 할아버지 앞에 있는 메모판에는 '사진 찍으세요, 다만 그냥 가지 마세요.'라고 쓰여 있었단다. 다행히 러시아어로!

문화예술의 광장 분위기가 물씬 묻어 있는 피의 사원 뒤편에는 아리아라도 부르는지 중년의 여성이 한쪽 손으로 귀를 가리고 빼어난 음악을 청중들에게 선사하고 있다. 성악가나 뮤지컬 배우의 꿈을 피우지 못한 아쉬움을 사원의 한 기둥에 기대어 토해내는 듯한 열정으로 부르고 있다. 듣고 있는 청중의 모든 가슴 가슴에 파고드는 날카롭고도 애잔한 노래가 상트의 오후를 장식하고 있다. 여행하면서 이런 분의 노래 소리를 들을 수 있다는 것이 얼마나 고맙고 고귀한 일이란 말인가? 단소라는 악기가 있다. 소리야 대금이 우렁차고 깊은 슬픔을 간직하고 있지만 너무 커서 여행하며 불기에는 쉽지 않다. 그래서 생각한 것이 단소인데 약간 가벼운 톤이지만 한국 정서를 표현하는 데는 그만 아닐까? 세계 곳곳을 여행하며 어느 광장에선가 지나가는 이방인들을 향해 불고 있는 내 모습을 그리곤 한다. 그러나 아직도 배우려고 시도도 못하고 있다.

상트에는 사이트씽을 위한 투어버스가 없다. 그러나 실망하기엔 이르다. 운하가 발달한 덕분에 물 위에서 도심 곳곳을 볼 수 있는 투어보트가 있어서 답답한 버스에서 바깥을 내다보는 것과는 차원이 다르다. 서른 명쯤 앉을 수 있는 투어용 배는 운하곳곳의 선착장에서 이용할 수 있는데 처음 찾아간 곳에서는 30여 분쯤 기다려야 한다고 한다. 짧은 일정 때문에 30분은 도저히 참을 수 없는 숫자이다. 길 건너 인근 선착장을 찾았다. 여기에서는 20분이란다. 후다닥 다른 곳을 찾아가려고 두 주먹을 가슴으로 올리는 순간 순발력 강한 해운업자는 할인카드를 재깍 꺼내든다. 가벼워질 대로 가벼워진 지갑은 손쉽게 내 전두엽을 즉시 마비시켜 버리고 그 자리에 주저앉히고 만다. 정박해둔 투어배에 올라 잠시 숨을 고른다. 한낮의 뜨거운 절정기를 지난 오후 햇빛은 평화롭게 도시와 사람들을 비추며 발그레한 미소를 발사하기 시작한다. 아, 여기에 좀 더 머무르고 싶다! 갑자기 밀려드는 아쉬움으로 눈은 허공에서 마을로 내려앉는다.

　디젤 엔진의 거친 숨소리와 함께 배가 속력을 내기 시작하고 투박한 스피커는 러시아말을 쏟아낸다. 내 뒤에 앉아있는 러시아 연인은 강이 주는 낭만에 그만 푹 젖어 서로를 향해 머리를 들이밀다가 가슴팍에 따뜻한 숨결을 퍼주고 있다. 외로움이 있어 여행이 아름다운데 저들은 내 외로움을 더욱 빛나게 하고 있다. 골목 같은 운하를 벗어나 강으로 나오니 공기는 더욱 신선해지고 가끔 지나가는 다른 배가 남긴 파도는 아랫배에 힘을 주게 만든다. 강가 여기저기에는 주말 오후를 느긋하게 즐기려는 시민들과 여행객들의 모습이 평화스러운 그림을 그려주고 있다.

　여행계획을 세우며 비행기로 한 시간 좀 넘으면 다가갈 수 있는 모스크바를 열차로 이동하기로 마음먹고 표를 예매했었다. 한국에서는 아무리 먼 곳이라도 불과 몇 시간 안에 목적지에 도달하기 때문에 침대열차를 경험하기 쉽지 않다. 영화에서 보았던 침대열차! 그 열차를 경험하고 싶었던 것이다. 저녁을 배불리 먹고 상트의 야경을 스케치하듯 살펴본 후 빨간색 열차에 올라탔다. 하루의 마지막, 단 몇 십분만을 남긴 채 상트를 출발한 기차는 다음날 아침 여덟 시경 모스크바에 도착하게 되어 있다. 그동안 나는 러시아의 대문호를 상상하고 그들의 문학적 근거가 되었던 이 땅의 숨결을 느끼며 보드카 한 잔을 음미하다가 덜컹거리는 침대에 누워 러시아 미녀와 사랑에 빠지는 꿈을 꾸면 되는 것이다. 그러나 러시아 기차는 소리 없이 부드럽게 달린다.

사계절이 너무 뚜렷한 한국의 경우 탈선을 방지하기 위하여 레일을 벌려놓아 덜컹거리는 리듬이 있다고 하는데 러시아에서는 그럴 필요가 없는지 미끈한 여인의 살결 같기만 하다. 객실은 4인실인데 동양인인 내 사이즈에는 그래도 견딜 만하지만 러시아인들은 무릎의 절반을 접고 누워야만 될 것 같다. 아주 가끔씩 스몰한 내 사이즈가 감사할 때가 있다. 군대에서 체력훈련이나 기합받을 때 곤봉들기라는 것을 한다. 큰 통나무를 대여섯 명이 어깨위로 들었다 놓았다를 반복하는데 단 몇 번 만에 팔이 떨려오는 아주 힘든 훈련이다. 나는 속도에 맞추어 팔만 들었다 놓았다 하면 그 힘든 과정을 힘 하나 들이지 않고 끝낼 수 있었으니 남모르게 퍼지는 기쁨을 어찌 발설할 수 있었으랴! 보드카 몇 잔을 털어 넣고 나서야 기대하고 기대했던 러시아 침대열차 안에서의 꿈이 시작되었다.

모스크바! 어두워서 그리고 눈감고 잠에 빠져 보지 못했지만 분명히 하얀 자작나무숲을 거의 쉬지 않고 달리고 달린 열차는 가쁜 숨을 몰아쉬며 모스크바 역에 도착했다. 대충 수건에 물을 묻혀 얼굴을 문지르고 역 밖으로 나왔다. 도시는 일요일이라 그런지 아직 잠에서 깨어나지 않은 듯 조용해서 자동차 몇 대만 가끔 지나갈 뿐 널따란 도로에는 들고양이들조차 보이지 않는다. 약간 흐린 하늘을 바라본 후 시내 중심부에 위치해 있는 푸시킨 광장 옆의 러시아에서 가장 먼저 문을 열었다는 맥도날도 1호점에 들렀다. 나중에 러시아가 크림반도를 홀라당 먹어치우며 미국과 사이가 틀어지는 바람에 이 햄버거 가게의 문을 군인들이 총칼로 닫았다는데 참 미개한 노릇이다. 미국 문화의 상징이긴 하지만 그렇다고 한낱 햄버거 가게에 불과한 것을 막아서는 통치행위가 대문호의 나라에서 일어나다니 말이다.

이른 시간임에도 다행히 직원들은 스탠바이하고 있어서 따뜻한 아메리카노와 햄버거로 아침의 공복감을 해결할 수 있었는데 널따란 매장에 손님은 몇 사람 보이지 않았다. 마치 밤을 꼬박 샌 것 같은 기분이 든다. 아메리카노로 몸을 깨우고 평소에는 거들떠도 보지 않던 햄버거를 우걱우걱 씹어 삼켰다. 화장실에 가서 다시 얼굴을 매만지고 옷을 고쳐 입고 나서야 신사의 면모를 조금이나마 다시 찾을 수 있었다.

비둘기가 동상 꼭대기에 앉아 사색에 잠긴 푸시킨 광장의 한 구석에는 지난밤 사랑의 여운이 남았는지 두 남녀의 길고 긴 키스가 진행되고 있다. 부러움에 방해라도 하고 싶은 충동을 억누르고 짐짓 모른 척 발걸음을 옮기기 시작한다. 공원은 지난밤, 주말 파티라도 했는지 상트와는 다르게 먹다버린 음식들과 포장지 등이 자유롭게 굴러다니고 벤치에 앉아있는 사람들은 어쩐지 부랑자일 거라는 생각이 들 만큼 남루해보인다. 다행히 청소원들의 발걸음이 분주하게 내 옆을 지나가는데 이른 아침부터 난 모스크바의 먼지를 들이킬 수밖에 없었다. 아주 고약한 환영인사로군! 이른 아침, 이 땅의 주인들이 눈에 보이지 않는 도시를 걷는 기분은 뭐랄까, 마치 정복자가 된 듯한 느낌이 아주 조금 든다.

골목을 걷고 걸어 어느덧 주요 관광지가 모여 있는 모스크바의 중심지에 다다랐다. 먼저 눈에 띈 것은 볼쇼이 극장. 볼쇼이 발레단 공연을 한 번도 보지 못했지만 명성만큼은 익히 들었던 터라 왠지 관심이 가는 건물이다. 우리 머릿속에 엄연하게 존재하는 러시아의 이미지 중 하나가 문화예술의 대국 아니던가? 구소련 시절을 배경으로 한 '백야'라는 영화에서 보았던 이미지가 강하게 남아서 그런지 모르지만 말이다. 남자 배우의 환상적인 몸짓을 상상하며 건물을 바라보는데 유유히 담배를 피우며 꼿꼿하게 걸어가는 젊은 여자가 보인다. 웅장한 건물과 연약한 여자의 대비, 하얀 대리석 느낌과 파란 원피스, 감동을 이끌어내는 예술과 담배, 이 여인은 내게 멋진 사진 한 장을 남겨주고 조용히 사라졌다.

붉은 광장을 중심으로 펼쳐진 관광 구역은 이미 여행객들 차지가 되어 있었다. 선글라스와 패션으로 한껏 멋을 낸 수많은 사람들 틈에 섞여 본격적인 투어에 동참하기 시작한다. 여행객은 주로 러시아 각지에서 온 사람들, 유럽 어디쯤에서 올라온 사람들 그리고 숫자로는 압도적으로 광장을 메우고 있는 중국인들이 많고 한국인으로 보이는 사람은 거의 눈에 띄지 않는다. 오죽했으면 한글로 된 여행가이드북 하나 없을까? 동아시아의 세계 투어 순서가 일본인 다음에 한국인, 마지막으로 중국인이라는 통설이 있는데 경제로 세계 제2위가 된 중국이 한국이나 일본을 물리치고 이제 앞장서서 관광을 하고 있는 것 같아 약간의 불만스런 생각이 든다. 아주 긴 줄을 참을성 있게 서 있는 모습이 보인다. 이 줄은 크레믈린 궁에서 죽어서도 주인 노릇을 하고 있는 레닌을 관람하기 위한 줄이란다. 중국인들은 베이징에 있는 마오쩌둥을 가지고도 부족한가? 설마 공산주의 유산과 그리움을 레닌을 통하여 위로받으려는 건 아니겠지. 아마도 별 생각 없이 가이드의 손가락을 쫓아서 따라왔을 것으로 믿어진다. 앞으로도 중국 지도자들은 묘지에서 자연으로 돌아가지 못하고 죽어서도 분장하고 조용히 누워있어야만 할지도 모르겠다. 하노이에서 두 차례나 보았던 호치민을 떠올리며 레닌도 크게 다르지 않을 거라고 상상하고 붉은 광장으로 발길을 돌렸다.

규모로 국민의 기를 죽여서 통치 수단에 활용하고자 했던 공산주의식 건물은 러시아도 다르지 않았다. 하늘도 널따란 광장을 덮기엔 숨이 가빴는지 하얀 솜털을 군데군데 드러내고 있다.

가스로 대변되는 러시아의 자원은 서방과 끊임없는 파워게임을 해야 하는 푸틴의 강력한 무기이면서 국민의 정치적 불만을 빵으로 달래줄 훌륭한 수단으로 전락해 버렸다. 미래 후손들이 써야 할 자원을 현재의 삶을 위해 마구 채굴하는 정책으로 달러가 흔해져 모스크바의 물가는 이미 서울을 넘어선 것으로 보이고 술과 유흥에 길들여진 젊은 청춘들은 새벽까지 골목마다 흐느적거리고 있다. 이런 나라에 긍정적인 미래가 있을까? 해가 수직을 향해 치달을 때가 되었는데도 호숫가에 설치된 경계석 위에는 언제쯤 술이 깰지 모르는 젊은 여자가 여전히 곯아 떨어져 있다. 실제로 이들은 미래에 대한 아무런 생각 없이 주머니에 돈이 있으면 즉시 소비해버리고 만다고 한다. 아마 공산주의의 무상 배급제도가 남아있어서 주거와 먹거리 등을 걱정하지 않아도 되기 때문일 거라는 생각이 든다. 지금 광장에는 그런 러시아인들이 수북하게 쌓여 있다.

붉은 광장 입구에는 기도를 드릴 수 있는 아주 조그마한 교회가 있다. 컴컴한 교회 안에는 촛불들이 켜져 있고 경전을 펼쳐 기도문을 읽는 남자 두어 명과 그 밖에서 스카프를 예쁘게 두른 여자가 잠시 세상과 유리된 채, 신과 교류하고 있는 것이 보인다. 저들의 경건함에 찬사를 보내면서 광장 입구 오른편에 있는 역사박물관으로 들어섰다. 표지판이 잘 보이지 않아 역사박물관을 꼭 찾고야 말겠다는 의지가 없었다면 흘려 지나치기에 안성맞춤이다. 역사박물관 입구는 좁은 편이지만 안에 들어가면 다른 나라 역사박물관처럼 어느 정도의 규모를 가지고 전시가 되어 있다. 역사박물관의 디스플레이는 정말 모든 나라, 모든 도시가 비슷해서 구분하기도 쉽지 않을 것만 같다. 돌조각과 돌칼로 시작해서 각종 무기와 생활소품을 거쳐 그 나라의 상징적인 예술품으로 마무리한다. 다만 내 눈을 왕방울만 하게 만든 것은 17세기에 제작한 세계지도인데 한반도의 크기가 거의 중국 반만 하고 일본은 상대적으로 작은 섬 몇 개로 표시했다. 더욱 놀라운 것은 울릉도와 독도가 한반도 옆에 그려져 있다는 사실이다. 반가움에 보고 또 보고…. 그 멋있고 훌륭하던 17세기의 러시아는 도대체 어디에 있는 걸까? 아무튼 여기 오는 많은 사람들이 박물관의 다른 것보다 이 지도를 머릿속에 넣고 돌아가기를 신께 두 손 모아 빌었다.

우리나라가 위기에 처하면 태권브이가 국회의사당 뚜껑을 열고 날아가 적들을 물리친다는 이야기를 어린 시절 굳은 믿음으로 듣곤 했었다. 그런데 모스크바에도 그런 말이 있다고 하니 위기를 대하는 심리는 동서양이 크게 다르지 않은가 보다. 모스크바의 환형으로 된 주요 도로가에 높이가 이순신 장군 두 배쯤 될 것 같은 최초의 우주인 유리 가가린의 동상이 있다. 러시아에 위기가 닥치면 이 유리 가가린이 우주로 날아올라가 우주선을 타고 적들을 물리친다고 한다. 핵과 무기로 보면 남에 뒤지지 않을 텐데 순수 우주인 유리 가가린의 어깨 위에 왜 이런 엉뚱한 십자가를 매달아야만 했을까? 어쩌면 과거 냉전시대 서방세계와의 대립으로 서방의 위협을 과장해서 국민을 세뇌시켰던 정치인들의 농간이 분명하다. 여기나 거기나 정치인들 아니면 그런 잡뇌를 쓰는 인류가 단 한 명도 없겠지.

거리에서 오가는 차량을 유심히 살펴보면 전 세계 메이커에서 생산한 모든 종류의 차량이 하나도 빠짐없이 돌아다닌다는 것을 알 수 있다. 그것도 신형부터 아주 구닥다리까지 마치 자동차 종합전시장에 온 것 같은 착각이 들 정도이다. 그것을 쳐다보는 것만으로도 꽤 재미있는 구경거리가 된다. 휘발유 값은 전 세계에서 중동 지역 다음으로 가장 싸지 않을까? 침 흘릴 만큼 부럽다!

이번 여행 목적 중의 하나가 고려인을 만나보는 것이다. 작년에 블라디보스토크에 갔을 때 러시아 군대가 나라가 없어진 고려인들을 강제로 이주시켰다는 기차역이 생각났다. 죽기 살기로 버티며 손가락으로 땅을 파서 일군 땅을 빼앗고 동쪽 끝에서 중앙아시아로 말이 이주지 죽일 목적으로 내팽개쳤던 것이다. 그 중에서 몇 명이 기차로 이동하면서 굶거나 얼어죽었고 이주 첫 해에 또 몇 명이 죽었고 하는 통계는 들먹거리기도 싫을 만큼 고된 세월을 살았다. 이제 고려인 2세를 거쳐 3세들이 모스크바에 일부 살고 있다. 공산주의 시절, 모스크바에는 지금의 평양처럼 함부로 이주해올 수 없는 신의 영역 같은 곳이었다. 공산주의가 막을 내린 지금도 모스크바에 주소를 두기 위해서는 살 집 등 까다로운 조건들이 있는 남아있는 모양인데 악에 바쳐 살아왔을 그들의 강인함은 후손들을 러시아의 중심지 모스크바에 뿌리를 내리게 한 것이다.

중앙아시아 우즈베키스탄에서 살다가 이주해왔다는 거의 일흔 살쯤 된 고려인 노인은 훌륭하게 일가를 이루어 아들은 한국 기업에서 일하고 있다고 한다. 러시아에서 한국 기업은 촉망받는 직장으로 부러움의 대상이라고 하니 선조들의 죽음을 끼고 산 삶이 헛되지 않은 것 같아 기쁜 마음이 든다. 그러나 이 노인은 한국말을 하지 못한다. 중앙아시아로 이주 후 고려말을 쓰지 못하게 했고 배우지 못했다면서 지금도 분개하는 마음이 남아있는 듯하다. 지금은 고려인과 새로 정착한 한국인들이 모여 군락을 이루기도 하고 신문도 만들어 배부하면서 민족 정체성을 잃지 않기 위해 힘쓰고 있는 모습이 보인다. 이 노인도 신문에 이런저런 투고를 하면서 핏줄에 대한 연민과 후손에게 바른 정체성을 물려주기 위해 애쓰고 있다. 문득 거칠어진 손마디를 잡아 주고 싶은데 양반 오라비 같이 얄팍한 내 손이 부끄러워 그만 감추고 만다. 다른 집에 가서는 할머니를 만났는데 우즈벡 식이라며 고기를 잘게 저민 후 속으로 넣은 만두를 먹어보라고 내미신다. 이들은 고향의 맛을 만두로 기억하고 있었음에 틀림없다. 건강과 행복을 기원하며 돌아서는 발걸음에 눈가가 촉촉해진다.

모스크바의 마지막 밤이 되었다. 러시아로 떠나올 때 저녁에는 절대 돌아다니지 말라는 식의 격언 같은 경고를 들었지만 낮으로만 이루어진 도시는 지구 어디에도 없지 않은가? 머리를 예술적으로 밀고 둥근 문고리를 코에 매달은 채 마약 때문에 풀린 눈으로 흐느적거리는 놈들만 피하면 별다른 문제는 없을 것이다. 인생은 모험이라는데 이것도 모험이라고 여기면서 안전한 호텔에서 그리 멀지 않은 곳에 맛있는 맥주 펍이 있기를 고대하며 길을 나섰다. 골목 여기저기에 술집들이 몇 군데 있는데 안이 좁은지 사람들은 바깥에서 마시거나 기다리고 있었다. 안을 살짝 들여다보면 이미 꽉 차 있는 것으로 보아 수요에 비해 공급이 달리는 모양이다. 갱단 나리의 관리만 없다면 술집은 모스크바에서 유망한 사업일 수도 있겠다. 큰길에 거의 다다랐을 때 좀 넓직한 집마당을 활용한 듯한 펍이 하나 있고 하얀 티를 유니폼으로 받쳐 입은 여자들의 종종거리는 발걸음이 보인다. 그래! 여기서 모스크바의 마지막 밤을 보내자!

생맥주는 종류가 겨우 두 가지뿐이다. 로컬 브랜드와 독일 맥주가 수입되고 있다. 하긴 한국에서도 간판에 따라 생맥주는 한 가지만 파는 호프집이 대부분이다. 휘발유처럼 호프도 특정 브

랜드를 선택하여 팔고 있기 때문이다. 로컬 브랜드로 주문하는데 여기에선 한국처럼 꼭 안주를 주문해야 한다는 종업원의 말이 좀 이해는 되지 않았지만 어차피 나의 술 마시는 습관과 정확하게 맞아 떨어진다. 더구나 하얀 면으로 된 유니폼을 받쳐 입은 종업원은 그 예쁜 얼굴로 천사의 미소를 하고 있지 않은가? 조명을 한 나무 밑 탁자에는 러시아인을 비롯한 여러 나라 사람들이 대화를 나누며 술잔을 기울이고 있다. 그들 속에 섞여 여행이 끝나간다는 것을 머리와 가슴에 인식시키며 시원하게 몇 잔을 들이키고 일어섰다.

골목을 나와 호텔로 향하는데 아까 오면서 보았던 자그마한 펍에 빈자리가 보인다. 한 번 술맛을 본 뇌는 주저 없이 명령한다. 저 안에 들어가 다른 술을 마셔보라고! 신기하게도 내 뇌는 가끔 내 기분을 맞춰 주기도 한다. 좀 어두워 얼굴은 잘 보이지 않지만 상냥한 종업원 아가씨가 건네준 메뉴판도 역시 러시아어 뿐! 라이브 비어를 몇 번 외쳤더니 알아들었다는 듯 안심 섞인 미소를 지어준다. 길 바로 옆 테이블에 앉아 이미 취기가 올랐지만 생맥주잔을 입에 갔다대며 오가는 러시아 사람들을 구경하는 것도 무척 재미있다. 저 사람 이름은 무엇일까? 무슨 생각하면서 살고 있을까? 또 무슨 고민을 하면서 괴로워할까? 가끔 몸매 멋진 젊은 아가씨가 지나가면 수백억 개에 달하는 세포가 일시에 흥분하는데 눈알은 피를 모아 광채를 번득이고 코 신경은 진돗개 코로 변해 여인의 몸에서 떨어져 나온 단 한 개의 페르몬이라도 잡으려고 한다. 아, 이국의 아름다운 밤이 속절없이 흘러가고 있다.

　마지막으로 호텔 바에도 들렀다. 여기 바는 연인들이 주로 오는지 도대체 어두워서 테이블과 의자를 겨우 구분할 정도만 보인다. 어렵사리 와인을 주문하고 잔을 빙글빙글 돌려가며 와인 향에 빠져 들었다. 이미 내 코에서는 알코올이 분해되기 시작하여 특유의 역겨운 냄새를 내 뿜고 있을 것이 분명하지만 감각이 둔해진 혀는 와인잔을 끝도 없이 핥고 있다. 병을 다 비운 후에야 어렵게 결심을 하고 객실로 가는 엘리베이터 앞에 섰는데 이상한 눈길들이 와 닿는다. 술은 촉감을 둔하게도 하지만 예민하게도 하는 모양이다. 돌아보니 로비 한켠이 카페로 변해 테이블과 의자가 몇 개 놓여 있는데 20대로 보이는 금발 미녀 둘이 나를 바라보며 미소를 짓고 있는 게 아닌가? 신이시여! 왜 저를 시험하시나이까? 미소를 지어주고 어느새 도착한 엘리베이터에 올라섰다. 그녀들이 쫓아오기를 기대하면서!

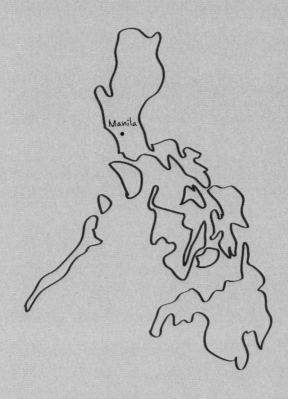

Manila

philippines

신을 믿어볼까?

신은
플라스틱 같은 나를
어디에 가두실까?

고해성사라는 것을 해볼까?

신은
온갖 장막 뒤에 숨어 있는 날
끄집어내실까?

오감 만족

바쁜 시간들이 무심하게 잘도 흘러간다. 몇 명의 친구들이 더는 못 참겠다는 투로 내게 여행을 유혹한다. 모두들 여행이 필요한 순간이 찾아왔나 보군. 햇빛이 잘 들어오는 곳에 지구본을 올려놓고 빙빙 돌리면서 최선의 장소를 선택하기 위해서 몰두했다. 주어진 시간은 3박 4일인데 이 팀하고는 예전에 캄보디아와 베트남을 다녀왔으니 거기는 일단 제외하고 다른 곳을 찾아서 전 세계를 다 돌아야만 했다. 그래서 결심한 곳이 필리핀, 메트로 마닐라이다. 이곳에는 비록 몇 년 전 마팍(마닐라-팍상한 폭포 패키지를 이렇게 줄여 부른다.) 여행으로 다녀온 적이 있긴 하지만 너무 짧은 여정 탓에 무엇 하나 기억을 남기기에는 턱도 없이 부족했었다. 아무튼 마닐라가 조금 생소한 기분이 들어 최종 낙점했다.

마닐라행 비행기를 예약했다는 말에 친구들이 한마디씩 한다. 아마 가끔 일어나는 한국인을 대상으로 한 총격 사건을 떠올렸을 것으로 짐작된다. 다들 오래 살고 싶은 모양이군! 매스컴에서 크게 떠들어서 그렇지, 한국에서 남편이나 애인에게 맞아 죽는 불쌍한 여자들의 백분의 일도 되지 않는다고 안심시켰다.

일정을 짜야 하는데 바쁘기도 하지만 난데없이 귀차니즘이 몰려와 속삭인다. 결국 여행사에 의뢰하고 출발 전날 밤이 되어서야 짐을 꾸리기 시작했다. 이번 여행을 지배한 귀차니즘은 여행기마저 시간 흐름이 아닌 주제별, 느낌별로 뒤죽박죽 만들고야 말았다.

필리핀 국적 항공기는 처음 타보았다. 비행기 안의 관심대상 1호인 스튜어디스는 상냥하고 부지런한데 일하는 모습은 체계가 좀 없다는 느낌이 든다. 능력으로 채용한 것이 아니라 다른 그 무엇으로 채용하지 않았을까 하는 의구심이 든다. 승객에게 기내식을 나누어 주는데 거의 한 시간이나 걸린다. 궁중요리도 아니고 나 원 참! 그래도 필리핀의 명성 높은 맥주 산미구엘을 부르는 대로 아낌없이 나누어 주어서 기분 좋은 비행을 즐길 수 있었다.

좀 늦게 일어나 호텔의 커튼을 걷으니 길 건너 광장에서 수많은 필리피노들의 아침운동 광경이 펼쳐진다. 더운 지방 사람들은 게으르다는 편견이 있었는데 정말 열심히 광장을 빙빙 돌며 뛰기도 하고 배드민턴 같은 운동을 하기도 한다. 도시 사람들의 행복한 일요일 아침시간, 덩달아 기분이 상쾌해진다.

호텔 로비에서 만난 랜드여행사 가이드에게 종이쪽지 하나를 내밀었다. 종이쪽지에는 틈틈이 먼저 다녀가신 분들의 노고가 쌓인 블로그를 뒤져서 가고 싶은 곳들을 적어 놓았는데 받아든

가이드는 짧은 숨을 내쉰다. 내가 너무 욕심을 부렸나? 이동거리를 잘 계산해서 가능하면 잘 안내해달라고 정중하게 부탁했다. 마치 패키지 더하기 배낭여행의 짬뽕이랄까? 듣기 좋게 3박 4일이지 실제로는 이틀하고 겨우 반나절, 60시간 초단기 여행이다. 이 운 없는 가이드는 철없는 여행객들을 맞아 발바닥에 땀나도록 마닐라를 누벼야 할 운명에 처한 것이다.

천천히 발바닥에 시동을 걸었다. 호텔에서 바라보았던 광장에 오니 그들이 뛰던 공원 건물 안에 부녀 동상이 서 있다. 아이를 높이 치켜들고 있는 모습인데 아마 아이들에게 새로운 세상을 열어주고자 하는 깊은 뜻이 아니었을까? 필리핀은 현재 20대와 30대의 인구 비중이 아주 높아서 미래를 밝게 보고 있다고 한다. 그러나 그전에 총기를 몽땅 회수해서 바다에 빠트려버리는 것은 어떨까? 마닐라 베이에 나오니 낚시하는 부자 모습이 눈에 들어온다. 아빠의 낚시 취미 때문에 일요일인데도 일찍 따라온 아들의 효심이 감동스럽다. 그 곁에는 언제부터 붙어 있었는지 모를 두 연인이 베이에서 추억을 쌓고 있다. 필리핀은 앞으로도 변함없이 20~30대의 비중이 높을 것이 분명하다.

비가 온다는 예보가 있었는데 구름만 좀 끼어 있다. 시내에는 여행 온 듯한 사람들의 발걸음이 약간 있을 뿐 찌뿌니가 휘젓고 다니기에는 아직 이른 시간이라 그런지 매우 조용하다.

제일 먼저 마닐라 대성당을 찾았다. 동양 최대의 가톨릭 신자를 갖고 있는 나라답게 성당은 사람들의 마음 깊은 곳에 자리 잡고 있을 것 같다. 로마네스크 양식이라는데 난 양식에 약해서 도대체 뭐가 뭔지 잘 구분되지 않는다. 유럽 여행할 때 받았던 양식에 대한 고통이 불현듯 살아나는 불쾌함으로 대충 훑어만 본다. 다행인지 불행인지 본당 입장이 되지 않아 그 유명하다는 파이프오르간이나 스테인드글라스는 볼 수 없었고 대신 귓가에 스치는 마차 호객꾼 소리만 들어야 했다. 성당을 배경으로 아침부터 시원하게 치솟는 분수 옆에서 필리피노 두 여인의 사진모델 향연이 펼쳐진다. 마닐라 시민일까? 아니면 필리핀 다른 지역에서 구경 온 여행자일까? 여기까지만 궁금하기로 하고 발길을 돌렸다.

때마침 일요일 미사가 있는 날이지만 산 어거스틴 교회에 늦게 도착하여 아쉽게도 동참하지 못했다. 여행을 와서 현지 사람들과 함께 신께 경배하는 것은 꼭 신자가 아니라 해도 체험해볼 만한 일이 아닐 수 없다. 미사는 나라마다 조금씩 차이가 있게 마련이고 특히 경이로움으로 가득한 성가가 울려 퍼질 때면 내 영혼이 천국 그 어디쯤 있는 것 같은 착각에 빠지기도 한다. 몇 번밖에 가본 적이 없지만 한국의 성당에서는 이런 느낌이 도무지 왜 느껴지지 않는 것일까?

미사는 끝났지만 성당 안으로 자유롭게 들어갈 수 있었다. 1599~1606년에 성당과 함께 만들어진 것으로 보이는 두툼한 나무문에는 성부를 제외한 성자와 성모 그리고 제자들로 보이는 일단의 무리들이 조각되어 있는데 마치 신을 찾아오는 사람들을 환영하고 있는 것처럼 여겨진다. 신자는 아니지만 안에 들어서서 성호부터 그었다. 이런 내 모습이 좀 쑥스럽고 어색하긴 하지만 이상하게도 마음이 편해지고 경건한 기분이 든다. 신은 나를 허용하고 계신 걸까?

거의 450년 전에 지은 석조 건물은 신이 적극적으로 보호한 덕분인지 일곱 차례에 걸친 지진과 세계대전 폭격에도 아무런 손상이 없다고 한다. 여기 찾아오는 사람들이 신을 느끼지 않으려야 안 느낄 재간이 없어 보인다. 산 어거스틴 교회는 바로크 양식, 으악! 또 양식이다. 언젠가 이 양식과의 전쟁을 끝내자고 마음먹고 미술사를 파헤쳐 보려고 했다. 점심 때 시작한 열공은 저녁이 되기도 전에 그만 내팽개치고 난 그대로 양식에 관한 한 무지렁이 모습을 하고 있다.

교회 내부는 아주 환했다. 방금 미사를 마친 교인들과 여행객들이 뒤섞여 교회에 양들이 가득하다. 신께서도 기뻐하시겠지! 필리피노에게도 여긴 꼭 들러야 하는 장소인지 아니면 중요한 기념 미사가 있었는지 모르지만 거의 서른 명이 넘을 듯한 가족과 친척들이 인증샷을 찍고 있다. 1866년에 설치했다는 철문이 철 없는 영혼의 발걸음을 막고 있다. 그러나 철문이라고 하기엔 너무 아름답다. 철문 너머엔 사제들만의 수도원인 듯 영혼 없는 양들의 발걸음을 금지하고 있었다.

인트라무로스 북서쪽에 있는 산티아고 요새는 50페소 정도의 입장료를 받고 있었다. 자본주의에 타락해버린 나는 나도 모르게 입장료를 내면 갑자기 집중하는 경향이 농후하다. 본전을 뽑아야 한다는 그렇게 유쾌하지 않은 명제는 언제부터 내 뇌를 지배하고 있었을까? 열대나무들이 병정처럼 서 있는 전망 좋은 곳에 우리의 김구 선생님과 같은 호세 리잘의 동상이 서 있고, 이 들을 억압했던 제국의 병정들 모습도 보인다. 유명한 독립운동 가 유품을 전시해놓은 장소라고는 믿어지지 않는 허름한 곳에 리잘의 생활용품을 비롯한 흔적들이 후손을 기다리고 있다. 그 중에는 생활지침서라고 하는 제법 오래된 듯한 두꺼운 책이 한 권 있는데 지금도 필리피노에게는 절대적인 정신적 지주 역할을 하고 있다고 한다. 그는 갑부 아들로 태어나 그 흔했던 아편이나 노름 따위에 빠지지 않고 억압당하는 자기 민족을 위해 독립투 사로 투신했다. 길에는 황동으로 만들어진 발 모양이 이어져 있 는데 리잘이 사형선고를 받고 처형되기 위해 마지막으로 걸었던 길을 표시해둔 것이라고 한다.

이 길을 따라 걷는 필리피노들의 마음이 어떨지 제국주의 침 략을 받아본 역사가 같은 처지라 쉽게 이해된다. 때린 놈들은 절대 알 수 없는 가슴 깊이 맺힌 원한도 풀기 어려운데 부활한 제국주의로 무장한 철부지들은 망령이 든 칼을 지금도 휘두르 고 있지 않은가. 언젠가 그 칼끝이 오히려 자기들에게 향하는 날 이 오고야 말겠지!

이곳 필리핀에서도 일제의 만행이 멈추지 않아서 수많은 필리 핀인들이 목숨을 잃었다고 한다. 바다가 인접한 지리적 특성으 로 지하감옥에 갇혀 있다가 만조 때 자동으로 수장되곤 했단다. 그러나 쉽게 납득하기 어려운 것은 필리핀을 비롯한 동남아에서 는 일본에 대한 원망 같은 것이 별로 느껴지지 않는다는 사실이 다. 용서하는 마음이 우리보다 큰 걸까? 아니면 엔화의 위력 앞에 적당히 타협한 것일까?

슬픈 역사가 되살아나 마음이 불편해오는데 햇볕은 그때나 지금이나 무심하기만 하다. 광장에 스페인 사제들의 모습도 보인다. 가톨릭을 전해준 고마움을 표현하고 있는 걸까? 이런저런 제국에 의해 수백 년 동안이나 식민지배의 역사를 갖고 있는 나라, 우리는 35년간의 식민 역사에도 이렇게 아파하고 자존심 상해하는데, 필리피노의 속마음에는 무엇이 있을까?

산티아고를 뒤로 하고 대나무 오르간으로 유명한 성 요셉 성당으로 향했다. 여행자를 위한 시스템인지 티켓팅을 하고 들어서면 우편엽서를 한 장씩 나누어준다. 물론 보면 갖고 싶어지는 다른 기념품들은 달라를 달라고 말없이 나를 바라보고 있다. 착하디착한 눈망울을 갖고 있는 안내인이 친절하게 대나무 오르간 모형 앞에서 원리를 설명해주는데 모든 직원들이 20대 초반쯤으로 보인다. 젊게 피어나는 나라 맞구나!

얼마나 오래되었는지 본래의 색을 알아보기 힘든 건반이 있는데 최초의 오르간 건반 원본이란다. 피아노 열쇠 구멍 바로 위에 있는 건반이 '도' 음이라고 무식하게 알고 있는데 열쇠 구멍이 보이지 않아 '도'를 못 찾겠다. 물론 촉수엄금이라 확인할 길도 없지만 말이다.

대나무 오르간이 설치된 성당으로 들어가는 입구는 좁지만 신비로운 햇살이 스며든다. 연주실은 성당의 뒤편 꼭대기에 있는데 연주실 통로에서 바라본 성당은 아늑하고 조용하고 아기자기한 장식품들로 아름답게 꾸며져 있어서 마치 천국의 한 귀퉁이를 옮겨온 듯 싶다. 오후에 비치는 햇볕조차 조심스럽게 성당 안을 들여다보는 절대 경건함에 나도 모르게 두 손이 가지런히 모아진다. 대나무 파이프에서 울려 퍼지는 소리는 어떤 느낌일까? 미사 중간중간 천상의 멜로디가 상처 입은 영혼들을 감싸안고 신께 인도할 것만 같다. 운이 좋으면 연주하는 모습도 직접 볼 수 있다는데 부족한 덕을 탓하면서 성당 안의 모습을 눈에 가득 담고 내려오니 기분이 한결 포근해졌다.

문화 박약아의 콤플렉스를 달래주려면 박물관도 들려줘야 하기에 제법 비싼 입장료를 물고 찾아간 아얄라 박물관! 모든 박물관은 원래 실내촬영이 되지 않지만 여기는 좀 더 빡빡하다. 그도 그럴 것이 필리핀에 금덩이 많던 시절의 고귀한 금들이 엄청나게 전시되어 있기 때문이다. 어림잡아 보아도 종로 4가에 있는 금의 몇 배는 될 듯한 금, 금, 금…. 그것도 돌반지나 무겁기만 한 금덩어리가 아니라 옛 추장들의 벨트를 비롯하여 역사적으로 의미 있고 예술성이 뛰어난 엄청난 종류의 금들이 그 넓은 전시장을 금빛 가득 물들이고 있다. 우리 집에 금이 몇 돈이나 있더라. 떠오르는 둥근 링의 가벼움에 헛웃음이 나온다. 몸무게도 아니고 이런 건 좀 무거워도 되는데! 또한 박물관에는 동양 각국의 귀한 도자기와 근현대 미술작품까지 두루 수집한 것을 전시하고 있어서 마닐라의 보물로 손색이 없을 것 같다.

마닐라는 바닷가에 위치하고 있는 덕분에 해산물이 풍성하다. 해물로 시장 전체를 뒤덮은 씨사이드를 찾아 만선한 배 한척쯤은 거뜬하게 먹어치울 기세로 먹거리를 살피기 시작했다. 시장 입구에는 과일이 진열되어 있는데 아마 해물을 먹은 후 망고를 소화제로 준비하라는 깊은 뜻이 있는 것 같다. 신선하고 풍성한 맛에 여기에 온 사람들은 누구나 할 것 없이 과식을 할 것이 분명하기 때문에 꼭 필요한 후식일 것이다. 정말 후식으로 망고는 신의 배려라고 할 만큼 나이스다.

평소 먹고 싶던 해물을 가지가지 사는데 대하는 우리 서해안에 비교하면 초대형 대물급이다. 이렇게 잘 생긴 놈들을 골라 바로 옆 골목 식당에 가면 요리를 해준다. 사실 식재료 값을 다 더하면 일반 식당의 밥값과 거의 비슷하다는 불편한 진실이 있지만 신선한 맛은 결코 비교할 수 없을 것이다.

필리핀의 이름난 음식 중의 하나인 검은 게는 삶으니 각질색이 붉게 변한다. 하나하나 벗길 때마다 드러나는 흰 살은 그야말로 쫄깃하며 단맛이 입 안 가득 퍼져 나간다. 접시 가득했던 검은 게를 후다닥 먹어치운 우리는 먹물로 포장한 데친 오징어를 향하여 젓가락 행진곡을 연주한다. 처음엔 빛나는 검은 물감에 식욕이 잠깐 멈칫하지만 한 번 다녀온 젓가락은 결코 멈출 줄 모르고 그릇이 비어서야 입술을 훔쳐낸다. 분명히 홍합이 맞는데 녹색 띠를 두르고 있다. 돔도 큰 놈으로 골라서 튀겼다.

너무 많이 먹고 있는 나를 발견했지만 망고 소화제의 능력을 믿으며 입질은 계속 고고씽! 기분 좋게 맛있게 먹으면 위도 있는 힘을 다하여 땡땡이치지 않고 열심히 주물럭거리나 보다.

안주가 풍성한 곳이니 여기에 어울리는 술도 당연히 구비되어 있는데 필리핀의 사랑받는 탄두아이는 40도쯤으로 과일향이 나고 맛도 뛰어나 결국 많이 마셔버렸다. 여행할 때의 과음은 피할 수 없는 필연이 아닐까?

타가이타이(tagaytay) 또는 따까이따이로 불리는 활화산은 이번 여행에서 탈 마닐라, 하루 일정 투어로 유일하게 고른 곳이다. 과음한 머리와 속을 부코 주스 한 잔으로 달래며 마닐라에서 버스로 두 시간쯤, 오가는 찌푸니 사이를 달리니 선착장 딸린 식당이 나온다. 간단하게 나름 한식으로 점심처리를 하고, 타알 호수(Lake Taal)를 배타고 느낌상 20~30분 정도 건너 최종 목적지 타알 화산(Taal volcano)에 다다랐다. 걸어서 오르내리는 사람들은 대부분 배낭여행자이거나 트래킹을 즐기는 사람들일 것으로 보이고 나처럼 여행사에 몸을 의탁한 사람들은 패키지답게 조랑말을 타고 올라간다. 화산의 경사가 제법 급해서 쉬지 않고 엉덩이와 허리에 있는 힘을 다 쏟은 사람들은 아마 며칠 동안 근육 경직 사태에 직면했을 것이다.

높이 300m쯤 되는 정상에 다다르니 시원한 바람이 불어온다. 동남아 특유의 뜨거운 공기 대신 간만에 맛보는 피부의 선선함, 올라오는 길은 먼지투성이인데 자연풍으로 털어주시는 신의 섬세함에 감사하며 지구의 멋진 자태에 감동한다. 화산 안에 또 하나의 활화산이 있는 곳은 여기가 유일하다고 한다. 한국인의 편파적인 시선으로 냉정하게 평가할 때 백두산 천지를 따라올 만한 영롱함과 신비감은 부족해보이지만 이런 장면이 볼 수 있는 곳이 동남아에 과연 또 있을까?

야자열매를 하나씩 물고 갈증을 달래고 있는데 아주머니 한

분이 티샷을 들고 오시더니 웃으면서 골프공 서너 개를 보여주신다. 천지연을 향해서 샷을 날리는 멋진 폼을 상상만 하기에는 아쉽지만 골프공으로 퐁당퐁당 놀이를 하면 천지신명께 혼날 것 같아 꿈을 접었다.

화산에서 내려와 찌푸니를 타고 타가이타이 피크닉 그로브 콤플렉스 전망대로 간다. 찌푸니는 필리핀에 다녀온 사람들이 술 한 잔 하면서 기억을 쏟아낼 때 빠지지 않는 단골 이야깃거리이다. 차주에 따라 개성 만점이지만 승차감이란 단어 자체가 없는 듯하고 부릉~ 끼익! 빵빵빵! 백미러에 비친 찌푸니 기사님의 눈매가 매섭다. 계기판을 살펴보니 이런, 속도계가 보이지 않는다. 바람처럼 달리겠다는 뜻이군! 그래도 브레이크가 있어서 안심하기로 굳은 맹세를 했다. 전망대는 쉬어갈 수 있도록 잘 꾸며져 있어서 식사를 하거나 또는 차 한 잔을 마시며 건너편 화산을 굽어보게 되어 있다. 우선 인증샷으로 이곳에 머물렀다는 것을 기록으로 남긴 후 시원한 바람을 가슴으로 맞는다. 한쪽에서 심각하게 밀당을 하는 듯한 두 연인이 보인다. 난, 니들이 잘 되기를 그냥 빈단다! 이곳은 아마 연인들이 즐겨 찾는 데이트 장소인 것 같다.

늦은 시간, 보니파시오 거리로 입장하면 분위기가 모던하게 바뀌는데, 좀 넓고 깨끗한 명동 느낌이랄까 오히려 훨씬 세련되고 화려하게 보인다. 저녁이면 현지인과 관광객이 무리를 지어 쇼핑도 하고 다양한 볼거리를 찾아다닌다. 명품을 파는 매장 곁에서 서너 명의 악사가 자선모금 음악회를 열어 놓았다.

필리피노가 부르는 팝송은 싱크로율 '백퍼'라 한국에서도 좋아하는 사람들이 많은데 동남아의 밤거리를 수놓기에 이만하게 또 있을까 싶다.

메트로 마닐라를 돌아본 느낌, 다른 나라 대도시에 결코 뒤질 것 없는데도 왜 우리에겐 그저 '팍상한 폭포'와 '타가이따이'만 알려져 있을까? 패키지 상품의 농간이겠지만 무척이나 아쉽다.

거의 10여 년 전 마닐라에 대한 첫 방문 느낌은 시끄럽고 매연과 먼지로 둘러싸인 그런 도시였다면, 오늘 돌아본 마닐라시티는 매력덩어리 여행 도시로 다시 다가온다. 우리가 알고 있는 것보다 훨씬 많은 문화와 역사, 그리고 풍성한 볼거리, 입맛을 책임질 황홀하고 다양한 먹거리와 친절함까지! 오감 충만한 이곳은 배낭을 메고 한 2주가량 다시 걷고 싶은 마닐라이다.

Tsushima

Japan

동도 서도
그리고 섬을 둘러싼
가제바위 지네바위 넙덕바위 보찰바위
하나도 빠짐없이

어르신이 지켜온 땅
한 치도 어긋남 없이
그 속에서 삽니다.

대마도 정벌기

어느 해 늦은 가을, 불금으로 이미 육체와 혼이 마구 뒤섞여 떨어지는 낙엽을 보며 시 한 수를 읊을 만한 시간이다. 부산으로 떠나는 마지막 기차를 타기 위해 모인 사람은 모두 17명, 대마도를 가자는 나의 외침에 여권을 오른손에 들고 분연히 떨쳐 일어난 이들이다. 분대장 경험도 없었던 나는 마음의 짐을 덜고자 부리나케 여행사를 섭외하여 모두 떠맡겨 버렸다. 열일곱 장의 여권사본을 여행사에 팩스질할 때 문득 드는 생각. 이 많은 사람들이 왜 대마도로 가자는 말에 두 번 생각할 것도 없이 단박에 여권과 쩐을 보냈을까? 무엇이 이들로 하여금 이 여행을 선택하게 했을까?

서울역에 하나 둘씩 모여들기 시작한다. 일행을 다시 한 번 살펴보니 직장 동료를 비롯하여 전 직장 동료와 대학 친구, 그리고 나와 이런저런 인연으로 한두 번쯤 여행을 같이 했던 아주 소중한 사람들이다. 기차표를 한 장, 한 장 나누어 주며 우리 이번 여행의 콘셉트는 '대마도 정벌'이라고 다시 한 번 각인시키는 것을 잊지 않았다. 재미삼아 하는 이야기임을 뻔히 알고 있는 그들은 미소로 기분만은 그렇게 하자고 동의해준다. 대마도 정벌! 꼭 한 번 하고 싶다. 정말 꼭 정벌해서 한반도 지도에 포함시키는 그날이 멀지 않은 미래에 이루어졌으면 좋겠다.

밤늦게 출발하는 여행은 KTX를 멀리해야 한다. 가능하면 천천히 더 천천히, 기차가 주는 낭만과 덜컹거림을 느끼며 너무 이르지 않은 시간에 종착역에 도착하는 것이 최선이다. 자리를 잡고 앉은 우리는 여행이 이미 시작되었다는 것을 본능적으로 감지하며 맥주 한 캔으로 기분을 내기 시작했다. 끼리끼리 알아서 짝을 이루어 앉은 우리는 이런저런 이야기꽃을 피우며 내일의 대사를 기약했다.

자정을 지나 쉬지 않고 달린 기차는 새벽 네 시 조금 넘은 시간에 부산역에 떨구어 주었다. 대합실에는 생각보다 많은 사람들이 대합하고 있는데 우리처럼 마지막 기차를 타고 온 사람들과 또 어디론가 일찍 떠나기 위해 서둘러 나온 사람들 그리고 진상 파악이 어려운 사람들이 섞여 있지만 그들의 뇌는 아직 조용하게 숨죽이고 있는 듯 보인다. 새벽밥을 먹어야 하는데 좀 이른 시간, 새로운 하루가 무색하게 기차에서의 하룻밤으로 몸은 무겁게만 느껴진다. 스트레칭을 하며 깨어나라는 신호를 주자 몸이 마지못해 하품으로 응답한다.

가끔 현대인의 슬기가 되어주는 스마트폰의 지시를 따라 부산역 앞쪽에 위치해있다는 돼지국밥집을 찾아 꿀꿀거리며 나섰다.

첫 집은 실패, 벌써 사람들로 꽉 차 있어서 유리창에 김만 잔뜩 서려있다. 일행이 조금 많다 보니 한 방에서 밥 먹기도 여간 어려운 일이 아니다. 저리로 가라는 안내에 따라 들어선 시장골목은 어두운 그림자를 잔뜩 품고 아직 깨우지 말라고 명령한다. 큰길가에 나오니 두어 집이 불을 켜고 새벽장사를 시작하고 있다. 방은 따뜻했다.

부산 돼지국밥. 마을마다 특산품처럼 대표음식이 있는데 여기 부산은 한국전쟁 피난시절 돼지국물에 밥을 말아 먹으면서 유래가 되었다고 한다. 국밥 그릇에 돼지고기 몇 첨이 대파와 함께 널브러져 있는데 경상도에서 먹어본 음식 중에 손꼽을 만한 미색을 갖추고 있었다. 역시 소주 한 잔을 곁들여야 제 맛! 이모에게 이 고장 소주를 외쳤다.

나는 어디를 가나 그 나라 그 고장 술을 마시곤 한다. 술은 음식과 궁합을 이루기 마련이어서 수백 년 아니 수천 년 동안이나 걸쳐 조합된 것을 단박에 무시하는 행패를 부리고 싶지 않아서이다. 그래서 내 여행가방에는 소주가 없다. 또 나와 동행하는 사람들에게도 가급적 소주는 가져오지 말라는 말을 잘 주절댄다. 그러나 소주가 없는 나라 사람들은 무슨 낙으로 살아갈까? 소주가 있는 곳에 행복이 있고 청춘이 있고 낭만이 있는데 말이다. 알코올 냄새가 강하지만 형언할 수 없는 매력을 갖고 있는 것을 그들은 알기나 할까? 소주 한 잔 부딪치며 대마도 정벌을 외치고 다시 뜨끈한 돼지국물로 속을 따뜻하게 데웠다.

대마도로 가기 위해 국제선터미널에 사람들이 모여든다. 대마도에 거주민 반, 한국 사람 반이라고 하더니 그 반을 채우기 위해 떠나는 사람들이다. 대마도에 거주하는 사람들의 국적 수에 따라 대마도번의 국기가 바뀐다면 어떻게 될까? 아니다. 그러면 제주도와 명동에는 오성기가 펄럭이겠지! 전광판을 보니 다행히 예정대로 출항할 수 있을 것 같다. 배 멀미하는 사람들은 준비해온 약을 먹거나 귀 밑에 붙이며 만약의 사태에 대비하고 있다.

다행히도 나는 멀미를 잘 하지 않는다. 언젠가 동해 바다로 가자미 낚시를 다녀온 적이 있다. 호기롭게 푸른 파도를 헤치며 나아가던 배가 시동을 끄자 동해바다 물결을 따라 갑자기 춤추기 시작한다. 잔잔한 날씨였는데도 불구하고 쑥 들어갔다 쑥 나오는 그야말로 절반의 바이킹이 쉴 새 없이 이어진다. 어제 늦은 밤까지 술 한 잔 하며 세상사를 논했던 몇 사람은 금세 얼굴이 노래지더니 배 바닥에서 통곡을 하기 시작한다. 나도 혹시나 하는 두려움도 잠시, 내 손에 전달되는 희미한 진동메시지, 바깥 공기가 궁금해서 바람난 가자미를 건져 올리기에 바빴다.

일행의 대표로 여행사 직원을 만나 주의사항과 배표를 받아들었다. 그러고 보니 부산항 국제여객터미널에서 일본으로 향하는 배를 타는 것은 이번이 두 번째 기록이다. 첫 번째는 벳부를 가기 위해서 배에 올랐었는데 그때 쾌속선을 처음 타 본 기억이 뚜렷하다. 불과 세 시간 만에, 정확하게는 2시간 55분이면 부산에서 출발한 배가 후쿠오카 항구에 도착했다. 실내 속도계를 보니 무려 80㎞! 신호등이나 트래픽 걱정 없이 대마도 부근까지 왔다가 살짝 방향을 틀어 후쿠오카로 일직선 줄행랑이다. 키를 잡은 선장은 이 쉬운 항해에 콧노래를 부르며 커피나 마실지도 모를 일이다. 우리를 태운 배는 쾌속선이라고는 하지만 속도가 예전에 탔던 배의 절반에 못 미치는 정도로 부산항을 떠나고 있다. 항구 밖에서 항구를 바라보는 맛도 썩 괜찮은 경치다. 부산이 점점 멋있어지고 있다. 해안에 늘어선 허연 시멘트 덩어리 아파트만 빼면 말이다. 취득세 수입 잡자고 저 허망한 설계를 허락했을 감각 없는 시청 나으리들, 문화와 예술에 관한 한 척박한 나라라고는 하지만 그 흔한 벤치마킹을 해서라도 눈높이 좀 높이면 안 될까요? 시민들 시선은 이미 고급문화에 젖어 있는데 말이다.

한 시간 남짓 후 상대마라고 하는 히타카츠 항에 도착했다. 외국 땅을 밟은 우리 일행은 만면에 미소를 지으며 한결 밝아진 태양 아래 미소를 머금었다. 그러나 입국장에 들어가지도 못하고 길다란 줄이 늘어선다. 입국에 걸린 시간은 자그마치 거의 1시간, 총 체류시간이 달랑 7시간인데 이민국 직원들은 '바쁘면 어제 오지 그랬슈~' 하는 표정으로 느긋하기만 하다. 과거, 빛나는 백제 문화를 전달받아 미개를 면한 민족은 백제인 특유의 여유를 현세인 우리에게 어쭙잖게 적용하고 있는 것이다.

일본이 정말 망할 때가 된 걸까? 잃어버린 20년이라고 떠들고 있지만 아직도 벌어 놓은 쩐과 쌓아놓은 기술력이 어마어마해서 위기의식을 느끼지 못하고 있는 것으로 보인다. 그러나 활력이 떨어진 것은 분명해보인다. 이때 우리나라 기술력이 더욱 일취월장해서 소니를 아웃시킨 것처럼 도요타도 따돌리고 각종 정밀기

계도 따라잡고 과학지식을 비롯한 지식산업도 추월하면 오죽 좋을까! 그러나 돌아가는 판국은 쉽게 이루어지지 않을 것 같아 우울해진다.

내 차례가 되었다. 지문을 찍으란다. 손가락을 댔다. 사진도 찍자고 달려든다. 얼굴을 펴고 입꼬리를 올려 주었다. 다행히 발바닥은 찍자고 하지 않았다.

대마도 최북단에 위치한 한국전망대, 팔각정으로 낯설지 않다. 날씨만 좋으면 저 멀리 부산이 보인다는 가이드의 설명에 동공을 넓혔다가 좁히기를 수차례, 살짝 끼어 있는 운무에 눈만 과로하고 말았다. 필시 왜구들의 전진기지였을 이곳에서 그 옛날 해적들은 하늘 보고 부산 보고 그리고 배를 띄웠을 텐데, 왜구의 후손들은 관광지로 만들더니 우리더러 구경하라고 한다. 부산이 잘 바라보이는 곳에 이 땅에서 돌아가지 못한 조선 역관들을 위한 위령탑이 서 있다. 왜 그들이 돌아가지 못했는지 역사적 지식이 없어 알 수 없지만 위령탑까지 있는 것을 보면 적지 않은 숫자가 억압된 채로 조선의 하늘과 땅을 그리워하다가 숨을 거둔 모양이다. 예나 지금이나 한 맺힌 민초들의 삶은 곽곽하기만 하다.

개미들이 줄지어 부지런히 다니듯 이날 우리가 그랬다. 한국으로 돌아가는 배 시간에 차질 없이 맞추어야 하는 가이드의 독촉을 당연하게 받아들인 우리는 서둘러 어느 구릉의 에보시다케 전망대에 도착, 대마도 풍경을 조망했다. 하롱베이와 견줄 만하다고 자랑질이 여간 아니란다. 정말 웃긴 말이다. 과거사 왜곡도 모자라 이젠 자연 왜곡까지 서슴지 않는 그들의 논리, 전 세계가 받아들이지 않아도 밀어붙이고 보는 카미카제의 우매함이라니! 톰 크루즈가 반했던 라스트 사무라이는 도대체 어디에 있단 말인가! 본 섬 주변에 조그맣게 덕지덕지 붙어 있는 섬 몇 개가 전부인데 그나마 대마도에서는 비경에 속해보인다.

아침을 새벽 다섯 시쯤 먹었는데, 이날 점심은 오후 한 시 반쯤 먹었다. 평소에는 중성지방 걱정에 눈길도 주지 않는 튀김을 한 입에 쏙 넣고 입을 닫고 오물거린다. 그리고는 달랑 단무지 하나 주고 밥을 먹으라고 한다. 난 죽어도 일본에서는 못 살겠다. 위정자를 잘못 만나 이곳에 잡혀온 조상들은 삼시 세끼를 어떻게 드셨을까? 하긴 그 옛날 삼시세끼를 챙겨먹었으면 그나마 다행이었겠지만.

일본 개국설화가 서려있다는 와타즈미 신사를 보니 신사 입구 출입문들이 바다로 이어져 있다. 혹시 저것들이 한국을 향하고 있는 것이 아닐까 하는 의구심이 든다. 그래서 이 민족이 집요하게 우리의 심사를 어지럽게 하고 있는 걸까? 그렇다면 무슨 방법을 동원해서라도 신사의 문을 일본 본섬 쪽으로 바꾸어놓아야 하는데 말이다.

무수한 소원을 적은 종이들이 바람결에 나부껴 그 자체로도 장관이다. 소원에는 동서양이나 고금의 차이가 없겠지. 하지만 예전에는 조선으로 해적질 나간 남편이나 아들이 풍성한 노획물을 가지고 무사귀환 하기를 여기에서 빌었었겠지. 쩝!

이즈하라 도심의 좁다란 수로에 바닷물이 흐른다. 섬이 작고 이 부분이 잘록해서 가능하지 않을까 싶다. 대마도 전체 인구가

4만 명이라는데 지나가는 일본 사람은 몇 명 보지 못했다. 내 눈에 보이는 것은 하루 3천 명씩 쏟아져 들어온다는 한국 관광객뿐이다. 4만 명 중 2만 명이 일본 본섬에서 파견한 공무원이라고 한다. 어쩌면 대마도를 지키는 자위대 별동부대원들이 아닐까?

늦가을의 색을 잔뜩 묻힌 멋진 사원이 보인다. 바로 최익현 선생이 대마도에 끌려와 처음 수용생활을 하셨다는 하치만구 신사이다. 마침 신사 앞에는 한국에서 온 듯한 어린 학생들의 역사 배우기가 한창이다. 일본에 대한 적개심이나 분노 외에 저 아이들은 어떤 생각들을 갖고 있을까 궁금해진다. 일본이란 두 글자를 듣는 순간, 마음이 불쾌해지고 복잡해지지만 알고 보면 배울 것도 꽤 많을 텐데 말이다.

1992년에 양국의 우호를 위해 세웠다는 조선통신사비가 산사 입구에 우두커니 서 있다. 그 비의 뒤편이 궁금해진다. 보나마나 침략 본능을 숨겨놓았을 것으로 여겨지기 때문이다. 조금 떨어진 곳에 있는 무척이나 슬퍼 보이는 비문을 읽어 내려가니 '덕혜옹주 결혼 봉축비'라고 쓰여 있다. 일본 제국주의자들이 감히 우리 공주를 대마도 번주 아들과 결혼시키고 세운 기념비, 나중에 강제 이혼도 시켰다지? 오고가는 후손들이 꽃도 바치고 술잔도 드린다. 고이 잠들고 울지 마소서!

대마도. 깨끗한 거리가 오히려 썰렁함으로 다가와 추적추적 비라도 내리는 밤이면 신사에 숨어 있던 귀신들이 사무라이 칼을 빼들고 거리를 휘젓고 다닐 것 같은 우울한 곳이다. 밤새도록 귀신에게 시달린 듯한 사람들은 얼굴의 핏기를 잃어버린 채 어디론가 힘없는 발걸음을 옮기고 있다.

다시 돌아오는 길, 하대마에서의 출국수속은 꽤 스피드하다. 가뜩이나 짧은 체류가 불만인데 파도사정이 불안해져 예정보다 일찍 출항한다고 한다. 날씨는 좋은데 풍랑이 제법 있을 것이라고 한다. 그래서 이어진 환상의 청룡열차 두 시간 풀코스! 출항한 지 10여 분만에 배가 요동치기 시작하며 회색으로 변한 파도는 배 유리창에 사정없이 폭포수를 쏟아 붓기 시작한다. 마침 동행한 후배가 맥주 한 캔을 들고 와 고생했다고 마시라고 한다. 여행을 마치는 나만의 의식이 여기에서도 통하나 보다. 잠이 살살 밀려오며 어디에선가 "억! 악! 욱!" 하는 소리가 희미하게 들려온다.

잠이 깨어 눈이 부스스 떠졌을 때는 멀리 부산 앞바다 불빛이 보일락말락 한다. 아직도 배는 붕하고 하늘 높이 떴다가 사정없이 추락하며 충격파를 전해주고 그것도 모자라 이따금 엇박자로 롤링 묘기를 보여준다. 주변을 살펴보니 여전히 검은 비닐을 입에 물고 땀을 쥐고 있는 사람과 심지어 어떤 사람은 애꿎은 기둥을 붙들고 울고 있는 것처럼 보인다. 죽음의 계곡을 거의 두 시간이나 견뎌내느라 고초가 이만저만 아니었던 모양이다. 대마도가 뭐길래 이렇게 고생들을 하실까?

한편에선 피곤이 덜 풀렸는지 여전히 눈을 감고 있는 사람과 가끔 웃는 소리도 들린다. 이게 세상이다. 나의 대마도 정벌기는 이렇게 흘러갔고 더불어 그해 가을도 덩달아 마무리되었다.

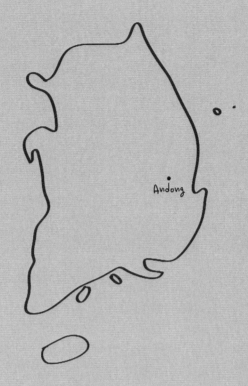

Andong

Korea

가슴은 언제 뜨거워질까?
누구 아는 사람
이야기 좀 해주세요.

가슴 뜨거운 사람 옆에 있어도
마네킹처럼 사는 세상!

유랑을 꿈꾸다

어느 날, 신은 나에게 일상이 아닌 5일을 주셨다. 그 5일을 아주 옛날 신이 하셨던 천지창조 7일에 버금갈 만큼 요긴하게 쓰리라 다짐하고 또 다짐! '그래, 콘셉트는 유랑이야!' 우리가 누구던가. 김삿갓의 후예가 아니던가? 선친께서는 생전 어느 날, 문득 '유랑'을 떠올리셨으나 실행하지 못하셨다. 어쩌면 그 꿈을 자식인 나를 통해 이루려고 하신다는 생각을 하고 나니 일상을 벗어난 유랑이 짐짓 운명처럼 느껴진다. 아직까지 간 적이 없는 그래서 처음 가는 곳으로 무작정 떠나 생경한 모습을 보고 사진과 글로 남기면 나의 블로그는 이야깃거리가 하나 늘어나겠지.

강변역에 도착해서 안내 전광판을 아래위로 살펴보다가 안동으로 향하기로 마음먹는다. 아무것도 정해놓지 않고 그 순간 판단해서 이동하고 먹고 잠잘 생각이다. 마치 신이 이 여행을 어떻게 운영하실지 시험하듯 말이다. 우등고속버스라 버스비가 좀 비싼데 출발시간이 지나도록 옆자리가 비어있다. 늦게라도 누군가 올라올까 봐 은근히 염려했는데 세 시간쯤 되는 여행길이 안락해져 느긋한 기분이 든다. 옆에 누군가 있다는 건 그래서 몇 시간이나 동행한다는 것은 조금 신경 쓰이는 일이 아닐 수 없다. 신은 가끔 이렇게 뜻하지 않은 선물을 주시는데 우리가 어쩌다 아이들 손에 용돈이라도 쥐어 주면서 의무를 다했다고 느끼는 뿌듯함을 신도 지금 느끼고 싶으신 걸까?

귀찮아도 메모는 해야 한다. 오래전의 아름다운 추억들이 고드름처럼 녹아 사라지는 것을 느낀다. 마음 아픈 일들은 모두 흔적 없이 지우고 어릴 적 추억이나 성취감 같은 좋은 기분을 골라 생생하게 해마 깊숙한 곳에 저장하고 싶어 일부러 회상하면서 강화해도 헛수고로 그치고 만다. 부질없는 짓인지도 모르는데 난 왜 이 작업에 매달리고 있을까? 뇌세포 깊숙한 곳에 흩어져있는 단편들을 모아 생생한 동영상으로 만들어낼 수 있다면 얼마나 좋을까? 하드디스크 복원처럼 언젠가는 인간의 뇌도 희미하게 남아있는 기분 좋은 기억들을 완벽하게 재생할 수 있는 날이 오기를 기대해본다.

모르는 도시로 떠난다고 생각하니 촉이 살아나는 것을 보면 여행은 감수성 지수를 높이는 확실한 방법임에 틀림없다. 오늘을 사는 우리에게 동물적인 감각이라는 것으로 수만 년을 살아온 DNA를 가끔 만족시켜주어야 할 의무가 있다. 그래서 사람들이 여행이라는 것을 발명했을까? 오감을 총동원해서 부질없는 마음의 짐을 벗고 와야지! 이를 아는지 팽팽해진 뇌세포는 선량한 호르몬들을 쏟아내기 시작한다.

남자들은 가끔 수염을 기르고 싶어 한다. 여행에서 돌아올 때 아마 나의 수염도 조금 자라 있겠지. 수염이 의외로 부드럽다는 것을 여자들은 잘 모르겠지만 머리카락만큼 부드러워 매만지기 좋다. 남자들이 수염을 기르는 것은 남성성의 무의식적인 표현이 아닐까? 마치 수놈 새가 화려한 깃털을 세워 암컷을 유혹하듯이 남자들은 수염을 이용하여 깃털 하나를 더 세우려고 애쓰는지도 모른다.

드디어 안동시에 도착했다.

비 예보를 잘 따라하는 하늘은 심술 가득하게 찌푸려있고 버스는 논바닥 옆 허허벌판에 신식건물 하나 우두커니 서 있는 곳에 내려준다. 시내 한복판, 그래서 주린 배를 채워줄 맛있는 식당이 즐비하고 젊은이들의 웃음소리가 끊이지 않는 쇼핑거리가 가까운 곳에 정류장이 있을 것이라는 나의 생각은 여지없이 무너져 내렸다. 외국 공항에 도착해서 지하철이나 버스 탑승장을 찾아 두리번거리던 그 모습대로 조국의 하늘 아래에서도 변함없이 나의 눈동자는 허공을 헤매기 시작한다. 안동 시내에서 멀리 떨어져 있어 시내버스로 갈아타야 할 것 같은데 여기는 양반도시답게 반상의 차이를 두고 있는 모양이다. 양반 취급받는 고속버스는 건물 내부에서 승하차를 하고 노비 빛깔 시내버스는 터미널을 빙 돌아 주변에 정차하게 되어 있다. 버스 가지고 난데없는 반상을 논하는 나도 나지만 사실 우리 사회는 여전히 신분과 계급 나눔이 난무하고 있지 않은가! 신분차별이 철폐된 것은 헌법에나 있는 일이고 실질적으로 나는 좀 더 다양한 신분들이 사람들을 구별하고 있는 사회에서 살아가고 있다. 명품이나 하나 사서 둘러메야겠다.

터미널 내부를 둘러보니 시티투어가 안내되어 있다. 옳거니! 여기는 한국 정신문화의 수도이자 영국 여왕이 다녀간 곳 아니던가? 시티투어를 타고 호사를 한 번 누려볼까 하는 마음으로 안내판을 살펴보니 달랑 하루 1회만 운행한단다. 오전 열 시경 터미널에서 출발하여 여기저기 다니다가 저녁 여섯 시경 도착하는 스케줄, 하루를 온전히 맡길 수 있다면 나쁘지 않은 선택이겠지만 이미 그 버스는 어느 동네 아저씨와 아주머니들을 태우고 안동고등어 이야기를 안주삼아 어디론가 쏘다니고 있을 테지.

내일 일은 내일 일어나서 생각하기로 하고 일단 도심으로 향하는 시내버스에 올라탔다. 안동 시내는 버스로 거의 30여 분 달린 후에 도착할 수 있는 짧지 않은 거리이다. 항상 그랬지만 뒤로 지나가는 건물 모양을 보고 지나가는 사람들 얼굴을 보면서 이 도시의 첫인상을 만들어 가고 있다. 겉만 살피는 오류를 모르는 것은 아니지만 첫인상이 갖고 있는 파워를 무시하면 큰 코 다치기 십상인데 안동 고을의 큰 코가 대단히 위험해보인다.

대략 눈치껏 시내 중심부일 것 같은 곳에 내렸다. 점심을 건너뛰어 배는 고프지만 늦은 점심을 먹기에는 애매한 시간이라 포기하고 좀 이른 저녁을 먹기로 마음먹었다. 사람이 줄지어 많이 다니는 곳으로 따라 가니 중앙문화의 거리가 나온다. 문화거리라는 말에 호기심이 발동하기 시작하는데 쓴 미소를 짓기까지는 그렇게 오랜 시간이 필요하지 않았다. 억지, 억지, 이런 억지가 세상 어디에 있을까? 길 가운데 현대적 스타일의 자그마한 물길을 낸 것이 고작인데 시장이 선거를 위해 부르짖는 문화는 도대체 어디에나 있는 걸까? 기껏해야 휴대폰 판매점 앞에 놓인 커다란 곰인형 팔뚝에 새로 나온 신기종이 매달려있을 뿐인데, 그냥 다른 도시처럼 젊음의 거리라든가 쇼핑의 거리라든가 하면 오죽 좋았을까? 넘치면 모자람만 못하다고 옛 어른께서 누누이 일렀거늘! 쯧쯧쯧!

한국 정신문화의 수도라고 도시 타이틀을 설정하면 찾아오는 사람들은 어떤 기대를 하게 된다. 그러나 안동은 여지없이 한국 문화에 대한 모멸감을 안겨주는 데 조금도 개의치 않는다. 한국 정신문화의 수도라고 명명했으니 좀 더 따져보자.

퇴계 이황을 비롯한 유교문화의 거목이 계셨고, 권세가의 고향으로 기와집이 즐비하며 선비의 삶을 품위 있게 했을 정자들과 문헌들이 남아있다. 그러나 그것은 과거의 일부일 뿐 현재를 살아가는 후손들은 어떤 정신적 가치로 무장하고 삶을 관조하고 있을까? 세련되고 수준 높은 시민정신은 구호와 간판 속에서만 자리하고 있는 것으로 보인다.

의문이 실망감으로 바뀔 때 생각을 멈춰 버린다. 기대할 걸 기대해야지. 세상은 변하고 우리의 정신은 물질의 권력 앞에 완패한 것은 아주 오래된 이야기이다. 안동이 말하는 한국 정신문화의 정체성이 궁금해진다. 이런 젠장! 그렇더라도 한국 정신문화 운운하기 전에 약간의 글로벌 에티켓으로 치장한 친절함이라도 있었으면 좋겠다. 하긴 없기에 한국 정신문화라는 깃발을 높이

처드는 것도 의미는 있겠지.

어느 대학 앞에 커다란 전통 기와를 머리에 얹은 커다란 건물이 보이는데 중년을 넘어선 경상도 아주머니들 십여 명이 소녀처럼 깔깔대고 앉아 이바구 합창을 하고 있고 그 옆 기둥에는 낮술을 했는지 남자 한 명이 팔베개를 하고 엎어져 있으며 또 그 옆으로는 젊은 청춘이 나중에 결코 기억하지 못할 수많은 말들을 쏟아내고 있다. 한 앵글에 이렇게나 많은 사연을 담을 줄이야!

전통문화콘텐츠 박물관. 그래, 명색이 한국 정신문화의 수도인데 이런 거 하나쯤 가지고 있어야 실망은 안 하지. 입장료를 내고 들어서니 덜컥 회원가입부터 하란다. 조선시대 방식이군! 가입을 해야 자세하게 안내받을 수 있고 설치된 시설들을 마음껏 즐길 수 있다면서 은근히 강요한다. 개인정보고 뭐고 손익 계산이 머릿속으로 1㎖도 들어오기 전에 후딱 가입해버렸다. 아마 나의 가입으로 여기 근무하는 팔자 좋은 직원들의 성과급이 몇천 원은 분명 오를 것으로 보인다. 대신 한국 정신문화를 잘 발전시켜 주세요! 신기하긴 했다. 예를 들어 화면을 보고 탈춤을 따라 추면 내 이름으로 저장되어 메일로 전송된다고 한다. 물론 나는 현대 춤에 강하고 전통 춤에 약해서 따라하지 못했지만 말이다.

박물관은 안동 옛소리로 시작하는데, 성주풀이, 배틀노래, 이 고장의 순도 백퍼 사투리 등으로 이루어져 있고 주변 서원이나 사찰의 구조와 유래, 서당체험 등으로 되어 있다. 장소는 협소해

보이는데 좀 크게 확장하면 어떨까 하는 생각이 든다. 전통을 통한 미래의 가치를 위해 투자해야 하지 않을까?

저녁으로 이 동네 특산물이라는 간고등어 정식을 먹으면서 게스트하우스를 검색한 후 주인장에게 문자를 남겨 놓았다. 밥을 거의 먹고 이 한 몸 뉘일 곳을 찾아 길거리 섭외를 나설 염려를 할 때쯤 예상보다 늦게 전화가 걸려왔다. 마침 예약한 여자 손님이 취소해서 방이 생겼다고 하면서 음주와 흡연은 절대 금지라 술도 사오면 안 된다는 등 주의사항 매뉴얼을 청아한 목소리로 줄줄줄 들려 준다. 담배 정책은 거부할 생각이 단 0.001%도 없지만 술은 많이 섭섭하다. 가방 메고 집을 탈출하여 유일한 친구라고는 오직 술뿐인데 이 친구를 놓고 혼자 오라니 말이다.

게스트하우스는 시내 중심가에서 멀지 않은 곳에 있었는데 외국의 게스트하우스와는 상당히 달라 한국적 가정 느낌이 강하게 다가온다. 거실이 완전히 오픈된 것도 아니고 그렇다고 닫힌 것도 아닌 좀 애매한 분위기가 흐른다. 1인실 게스트하우스. 도미토리는 다인실이 기본이어서 여기저기에서 모인 여행자끼리 정보와 함께 삶도 나누는 우연이 일상이 되는 장소인데 아직 우리 문화가 거기까지 미치지 못하는 까닭인지 1인실이 많이 준비되어 있었다. 편하긴 하지만 나와 다른 문화에서 살고 있을 다른 이방인의 삶을 공유할 수 없다는 게 못내 아쉽다는 생각도 잠깐, 편안한 마음에 금방 잠에 빠져 들었다.

아침 일찍 일어나 주방의 이모님께 아침 문안인사를 여쭈니 짧은 미소와 함께 밥통을 열어 한 그릇 퍼주신다. 색깔은 노란 호박죽이 분명한데 물에 푼 호박가루에 밥을 걸쭉하게 만 듯한 아침이 제공되었다. 아직 밥 먹기에는 이른 시간인지 밥상에는 머리가 짧고 얼굴은 둥근 형태의 20대 초반으로 보이는 청년이 혼자서 식사를 하고 있었다. 혼자 여행을 다니는 이 청년이 궁금하지만 아침부터 이것저것 물어보기 뭐해서 그만 입을 다물고 달콤하면서도 호박향기 풍부한 죽을 떠먹기 시작했다. 리필이 되느냐고 물어봐야 하는데 조금 딱딱한 표정의 이모 얼굴이 생각났다. 용기를 수그리고 수저로 사발을 닥닥 긁어 가면서 아낌없이 먹은 후 주방에 빈 사발을 조용하게 들이밀고 밖으로 나왔다.

게스트하우스 입구를 막아서고 있는 벽을 보니 이곳을 중심으로 안동 전역이 크레파스 느낌의 펜으로 그려져 있다. 머릿속에 대략 사방팔방을 그려 넣고 버스를 타기 위해 길을 재촉했다.

여러 노선의 버스가 있는데 하회마을로 가는 버스는 46번 버스, 거의 한 시간에 한 대 꼴로 다니는데 마침 10분 정도 기다리면 도착한단다. 아침의 첫 번째 행운! 오늘 하루 여행길이 순조롭고 의미 있고 재미있게 흘러가기를 속으로 기원하면서 버스를 기다렸다. 오는 버스를 향해 손을 번쩍 들었다. 도시에서야 모든 정류장에 손님이 있든 없든 일단 정차하는 것이 운전기사의 기본 룰인데 시골은 다르다. 손을 조금 늦게라도 들어 기사의 시야가 나를 무시하고 지나치기라도 하면 꼼짝없이 또 한 시간여를 허비해야만 하는 것이다. 로마에 오면 로마법을 따르랬지!

여행자에게는 일종의 수칙인 로마법을 잘 지킨 착한 여행자에게 빈자리 많은 버스가 제공되었다. 부부인 듯한 좀 연세 많으신 할머니와 할아버지가 방금 내린 기차표를 아직도 손에 꼭 쥐고 계시는 모습이 보이고 한 구석에서 젊은 남녀 몇 명이 여행의 흥분을 거침없이 밖으로 표출하고 있다.

　한 시간쯤 달렸을까? 시내를 벗어난 버스는 바람맞은 홀아비처럼 서 있는 터미널을 거쳐 하회마을 입구에 내려 주었다. 어린 시절, 맛난 것은 깊숙하게 숨겨두고 천천히 먹던 습성이 여행지를 고를 때도 나타나는지 유네스코 문화유산으로 등재되었을 뿐만 아니라 영국 여왕의 행차로 콧대가 한 자 만큼이나 높아진 곳을 이제야 찾았다.

　아직도 이른 시간이어서인지 동네는 새벽의 고요함에서 아직 깨어나지 못한 듯 쌔근쌔근 숨만 가지런히 쉬고 있고 나무와 꽃, 새들도 따뜻한 둥지에서 머리를 숙이고 있다. 같이 버스에서 나온 사람들이 동네 입구로 발걸음을 옮기기 시작한다. 나는 동네로 바로 들어가는 길 대신에 어린 시절 추억을 찾아 낙동강과 나란하게 나 있는 뚝방길로 들어섰다.

　내 고향에는 금강이 흐르고 있어서 물놀이도 하고 또 조개도 잡았었다. 그때는 조개가 얼마나 많았던지 발로 물 속 모래를 슬슬 밟고 가다가 발의 촉각으로 어렵지 않게 조개를 발견하곤 했었다. 아직 동트기 전, 지금 내가 바라보고 있는 강은 낙동강이다. 이렇게 가까이에서 굽이치는 낙동강 물줄기를 내려다보는 것은 아마 처음이 아닐까 싶다. 부산을 가기 위해 기차나 네 발달린 차량으로 휙 지나갔을 뿐 경상도 땅에 발을 내딛은 기억이 별로 없다. 그런 이유로 여기 서 있는 것이지만.

이른 시간의 낙동강은 숱한 역사와 스토리를 감추고 조용히 흐르고 있다. 주변 뚝방길의 커다란 나무들도 지난 아픔을 겨우 씻어내고 숨을 고르듯 깊은 쉼에 빠져있어 발자국 소리를 내기가 여간 미안한 게 아니다. 한편 마치 지구 폐부 깊숙한 곳에 도달한 것 같아 내 마음을 홀연히 벗은 황홀함이 휩싸여 오는 것을 숨길 수가 없다. 뚝방 비탈길은 키가 제법 자란 풀들 사이로 작은 꽃들이 별처럼 박혀 있고 막 피어오르는 생생한 풀내음이 코끝에서 떠날 줄 모른다.

강 건너에는 부용대라는 높은 바위가 있는데 넉넉히 20분 정도 올라서면 다다를 것 같다. 저기에 오르면 하회마을을 휘감고 도는 자태를 고스란히 볼 수 있다고 한다. 강가에는 여행객을 태우고 오가며 돈을 버는 것으로 보이는 자그마한 배를 60대 주인 남자가 아침부터 힘줄 선 팔뚝을 움직이며 여기저기 손보고 있다. 주변을 어슬렁거려도 그는 나에게 눈길 한 번 주지 않는다.

넓다란 뚝방길을 따라 걸어가다가 거의 마을 끝이라고 생각될 때 마을 안쪽으로 발길을 돌렸다. 마을은 아직도 이른 시간이어서 깨어나지 않았고 나 같은 여행자들만 가볍게 발걸음을 옮기고 있다. 잠이 일찍 깬 민박집 투숙객들로 보이는 사람들이 가끔 아침 산보를 하며 나를 훑어 보고 지나간다. 모두 평화스럽고 행복해보이는 아침이다.

하회마을 안에는 거의 두 집 걸러 한 집은 민박을 운영하고 있는 것 같다. 대문이 활짝 열린 어느 민박집을 들여다보니 정원 건너에서 두 여인이 방문을 열고 머리를 빗고 있다. 아침 단장을 조선시대식으로 하고 있는 모양이다. 비록 청포로 머리를 감진 않았겠지만 문을 열어 제치고 검고 긴 머리를 빗어 내리며 지나가는 사내의 마음을 훔치려고 노력하는 것은 옛날이나 지금이나 마찬가지로군.

하회마을에서 하루 머물면 어떤 기분이 들까? 여기 민박이 있다는 평범한 진리를 새까맣게 모른 나는 시내 한복판에서 술친구도 없이 웅크리듯 쪽잠처럼 자고 나왔는데 말이다. 여기에서 하룻밤 머물까 하는 생각이 나는데 결심이 쉬 서질 않는다. 애초 여긴 그저 다녀가는 길목으로 잡은 것이 쉬 바뀌지 않는 답답함의 극치가 최초의 유랑을 유랑답게 못하게 막고 있다. 마음이 유연하지 않은 것이 불만이면서도 끝내 새로운 일정을 받아들이지 못하고 있는 이 우매함을 어찌할꼬! 그렇다고 꼭 어디를 가야 할 약속이 되어 있는 것도 아닌데 말이다. 방랑시인 김삿갓은 어떤 길을 선택했을까?

골목은 다시 작은 골목으로 이어져 길다랗게 나 있는데 그 흔한 아이스크림 막대기나 휴지 하나 버려져 있지 않고 깨끗하다. 누군가 쓰레기를 치우고 가면 바로 따라가면서 스스럼없이 아무데나 버리는 게 우리 스타일인데 어찌된 영문인지 모르겠다. 정말 조선시대 어디쯤으로 시간 여행이라도 와 있는 걸까?

어느덧 사람들의 발걸음이 늘어나기 시작한다. 역시 남자보다 여자가 많고 그중에서도 나이가 좀 든 중년 이상 할머니급 관광객이 무척 많다. 나이가 들면 집이나 밖이나 여자의 세상이 열린다고 하는데, 여기저기에서 수시로 증명되는 것 같다. 문득 현대에 사는 남자들은 남성성이 약해져 급기야 정자 수도 줄어든다는 기사가 떠오른다. 진정 지구의 문명은 모계사회로 진화하고 있단 말인가? 하긴 우스개가 목적인 시트콤을 보면 남자의 서열이 애완견 다음이라고 하지 않던가? 그래서 나는 무의식중에 우리 집 애완견을 종종 발로 밀쳐내고 있나 보다.

성황당으로 가는 표지판을 보고 골목에 들어서니 여인 혼자 무언가 골똘히 쳐다보다가 인기척에 흠칫 놀라는 표정을 짓는다. 이럴 땐 고개를 약간 숙인 후 최대한 길가에 붙어서 발소리를 죽이며 후다닥 지나가야 한다. 모르는 남자가 골목에 나타난 것을 반길 여자는 한 명도 없기 때문이기도 하거니와 나 또한 치한으로 오해받지 않는 요령을 터득한 까닭이다.

꺾인 골목을 돌아가니 성황당 나무가 어엿하게 터줏대감 스타일 그대로 자태를 뽐내고 있다. 신령님이 붙어 살 것 같은 저 위엄에 예나 지금이나 사람들은 경배를 하고 삶을 구걸하고 있는 것이겠지. 한구석에는 누군가 기도할 때마다 쓰였을 녹다 만 초와 함께, 여기는 주민이 소원을 비는 곳이니 엉뚱한 장난 같은 것은 꿈도 꾸지 말라고 무시무시한 경고를 하고 있다. 이런 경고는 잘 듣는 게 현명하다. 괜히 말 안 들었다가 귀신이라도 나타나 복수하면 무당의 신력을 빌려야 하니까 말이다.

아이를 동반한 서로 친구인 듯한 아주머니 두 사람은 서로 사진을 찍어 주며 낡아가는 피부를 잊으려 애쓰고 있고 아이들은 특유의 발랄함으로 성황당 나무 주변을 거의 쉬지 않고 돌고 있다. 카메라를 꺼내 성황당과 주변 모습을 담다보니 아까 골목에 있던 검은 옷을 걸쳐 입은 여인이 입장하고 있는 모습이 보인다. 그 여인도 다른 사람들이 보통 하는 것처럼 스마트폰을 치켜 든 자세로 사진을 몇 컷 찍고 설화 같은 장황한 설명을 읽어 내려간다. 내용을 알아들었는지 궁금증 하나 없는 얼굴을 하고 내 곁을 스치며 알 듯 말 듯한 미소를 한 방 날리고 사라진다. 순간 손에 든 카메라 앵글이 헝클어져 버렸다.

미로 같은 골목길에서 길을 잃지 않기 위해 나름대로 뇌의 공간지각 능력을 최대한 발휘하여 분명히 방향을 잡고 걸은 것 같은데 결국 같은 길을 또 걷고 있다. 할 수 없지! 발걸음이 터벅터벅 걸어진다. 점심시간이 되어 식당을 찾아야 하는데 마을 안에는 도무지 보이지 않는다. 민박이 있으면 당연히 식당도 있을 텐데 식량을 찾아 헤매는 하이에나에게 그 어떤 것도 보이지 않는다.

다시 안동터미널로 이동할 버스를 기다리는데 시내에서 들어오는 버스마다 무지개색 할머니들의 행진이 끊이지 않고 이어진다. 나이 먹으면 어쩔 수 없이 다리가 휘어 팔자모양으로 걸음걸이가 변하게 마련일까? 비록 걸음은 어기적어기적하고 걷지만 그들이 쉬지 않고 쏟아내는 수많은 말들은 하회마을 풍경을 입구부터 소란스럽게 바꾸어 놓기에 충분하다. 나이 먹기 전에 그래서 걸음걸이가 팔자걸음으로 바뀌기 전에 부지런히 지구 여기저기를 쉬지 않고 돌아다니자고 새삼 결심한다. 시간과 비용을 비롯한 이런저런 조건이 제대로 갖추어 지길 기다리느라 여행을 미룬다면 어느 순간, 노인 걸음 걷는 자기 자신을 발견하고 때늦은 후회를 하게 될 것이 분명하다. 그러므로 틈틈이 배낭을 꾸리고 수시로 떠나는 연습을 해야만 한다. 아니 연습이 아니라 마음이 움직이면 망설이지 말고 여권을 챙겨야 한다.

한낮이라 햇볕은 쏟아지고 대지는 무한 조도 속에 왁스빛을 내며 대신 옷 속은 은근히 땀이 배어나오려고 한다. 시내버스는 나를 다시 안동 버스터미널에 내려놓았다. 고삐 풀린 발은 이제 어디로 향해야 하나? 터미널 안내판을 물끄러미 쳐다보다가 한 곳을 찍는다. 영덕이다. 여기도 말만 들었지, 서울에서 꽤 먼 이유로 한 번도 가보지 못한 곳이다.

일단 버스 티켓을 주머니에 넣고 꽤 늦은 점심을 터미널 내 식당에서 먹었다. 역시 경상도라 그런지 음식 맛이 짠 편이다. 하긴 경상도에서 음식 타박하면 아니 되는 줄 안다. 같은 민족인데 손맛은 사투리만큼이나 동서 차이가 뚜렷하다. 물론 민족의 기원이 서로 다르다는 이론이 정설로 굳어져 있지만 그것하고 음식 맛하고는 연관이 없을 것 같고, 대충 먹는 습성과 잘 차려 먹는 습성의 차이가 아닐까? 아무튼 경상도 지역을 여행할 때는 혀의 호사를 포기하고 불러오는 배에 만족하면 크게 실망할 일이 없다. 그나마 최근에는 방송국의 열정적인 음식 소개 프로그램 덕분에 음식 맛이 아주 조금은 나아진 듯한 느낌도 든다.

숨 쉬는 바다, 영덕!

얼마쯤 걸렸을까? 자다 깨다를 반복하며 동쪽을 향해 경도를 따라 달린 버스는 낯설고 물설은 곳에 정차한다. 잠이 덜 깬 상태에서 영덕 손님 내리라는 기사의 말에 얼마나 급히 짐을 들고 하차했던지 그만 모자를 의자에 두고 나와 버렸다. 이 버스는 영덕이 최종 목적지가 아니고 경유하는 차로 터미널 안쪽에 정차하지 않고 바깥에 손님들을 내려놓은 뒤 바로 다음 행선지로 향하는 터라 머리가 허전함을 깨달았을 때는 이미 떠나버린 뒤였다. 이때 생각나는 한 사람! 안동터미널에서 영덕이 최종 목적지인 직행버스를 기다리는데 버스회사 직원인 듯한 사람이 나타나 앞에 와 있는 버스를 타도 된다고 은근히 나를 유혹했던 기억이 난다. 다른 사람의 친절을 무시하면 안동에 계신 성황당 신령님께 혼쭐이라도 날까 봐 문 열어 놓은 채 나를 물끄러미 바라보는 운전기사의 시선을 느끼며 저항 없이 올라타 버린 것이다. 하긴 스스로의 어리석음이 빚어낸 실수를 다른 곳에서 원인을 찾아내야 직성이 풀리는 내가 밉다. 아무튼 이날 이후 머리 꼭대기에 고스란히 햇빛을 모으고 다녀야만 했다.

쓸쓸한 기분을 애써 위로하면서 여행지도라도 구할 심산으로 터미널 안으로 들어 왔으나 그 흔한 관광안내지도 하나 보이지 않는다. 요즘 지자체들은 관광 수입을 올리려고 별의별 아이디어를 쏟아 내고 있는데 이 도시는 그럴 마음이 없나 보다. 조그마한 터미널 안을 여기저기 둘러보니 관광지도 대신 안내배너가 우뚝 서 있는 게 보인다. 배너를 보며 당신들의 홈타운 영덕에 대해 물어보면 좋겠는데 지나가는 사람들 모두 이방인을 본체만체 지나가 버린다. 하긴 친절과 배려라는 것은 조상 때부터 몸에 배이지 않았는데 누굴 탓하랴! 할 수없이 유일한 가이드인 안내배너를 부여잡고 탐색하기를 10여 분, 눈길이 해맞이공원에 머문다. '그래, 동해니까 해맞이공원에 가면 이런저런 구경거리하고 식당하고 하룻밤 묵을 만한 곳이 있을 거야'. 그러나 예상은 보기 좋게 빗나가 결국 나는 아주 늦은 저녁을 먹고 어느 이름 없는 모텔에서 허망한 잠을 잘 수밖에 없었다.

갈 곳을 정했으니 갈 방법을 찾아야 한다. 터미널로 바쁘게 들어오는 마음 착해보이는 여자를 골라 손가락으로 배너 위치를 가리켰다. 그랬더니 여긴 시외버스터미널이고 공원을 가려면 먼저 시내버스터미널에서 버스를 타야 하는데 이리저리 가라고 일러준다. 정말 아무런 표정 없는 딱딱한 말투! 이래서 훈남으로 태어났어야 했는데! 그러나 이방인에게 현지인의 가르침은 절대적인 바이블! 머릿속에 잘 담아 두고 발걸음을 옮기며 영덕이란 곳의 생김새를 살펴본다.

영덕은 매우 작은 도시인데 오가는 사람도 많지 않아 좀 낙후된 느낌과 함께 활력을 잃은 정체된 모습이다. 아니 오히려 조용한 도시라고 표현해야 할까? 약간 넓은 이면 도로를 따라 걷는데 이쯤에서 보여야 할 터미널이 오간 데 없다. 길 가에서 무언가 작업에 몰두하는 두 여인에게 물어 보았다. 동남아에서 결혼해서 정착한 듯한 앳된 아주머니들은 잠시 머뭇거리더니 내 말을 알아들었다는 듯 표정이 밝아지며 손가락으로 가리켜준다. 머나먼 고향에서 신랑만 믿고 따라왔을 가녀린 여인들이 내게 보여주었던 착한 미소만큼이나 행복하게 살아가길 마음속으로 빌어준다. 고맙다는 인사를 정중하게 하고 배낭을 튕겨 몸에 맞게 고쳐 맸다.

시내버스터미널에 도착하니 시내버스 서너 대가 서 있고 운전기사로 보이는 두 사내는 너무나 친한지 담배연기를 서로에게 내뿜으며 분명히 별로 중요하지 않을 시시껄렁한 이야기에 집중하고 있다. 대화에 끼어들어 해맞이공원을 물으니 옆에 있는 버스가 30여 분 후에 떠날 예정이니 올라타라고 한다. 마침 옆에 커피를 파는 좀 깨끗한 카페가 보인다. 주인한테 반갑게 인사를 건네 후 평소에는 고칼로리라서 절대 거들떠도 안보는 카페라떼를 주문했다. 그리고는 주인에게 "해맞이공원에 가면 식당하고 펜션 비슷한 것들 있겠지요?" 하고 물으니 있을 거란다. '하긴 전망 좋은 해변에다가 공원을 만들었을 테니 당연히 오가는 여행객을 위한 시설이 준비되어 있겠지.'라고 안심하고 카페라떼 한 잔으로 고갈되어가는 에너지를 보충했다.

그러나 막상 찾아간 해맞이공원은 '해 뜨는 외로운 언덕'이 되어 과장광고에 낚인 나를 휑한 바람만이 맞아준다. 날 태운 시내버스는 오프로드를 달리듯 거칠어도 너무 거칠어서 핸들의 놀림에 따라 어지러운 춤추기를 여러 번 하지 않을 수가 없었다. 운전석에 앉아 폭주를 즐기는 운전기사는 싸구려 염색약과 파마약의 부작용으로 머릿속을 쥐가 파먹은 것이 분명하다. 더구나 거친 입으로 거의 한 시간 동안이나 경상도에 존재하는 모든 욕이란 욕은 전화통에 대고 다 쏟아내고 있다. 지금까지 살면서 이렇게 다양하고 힘찬 욕을 들어본 것은 진정 오늘이 처음이다. 지옥으로 가는 줄 알았던 시내버스는 해변가를 달리고 달려 외톨이 언덕에 내려주고 쏜살같이 시야에서 멀어졌던 것이다.

우주 어디쯤에 갑자기 불시착한 기분이 밀려온다. '이런, 지금 내가 어디 온 거야?' 그 사이 날씨는 변해 두꺼운 구름이 바람과 함께 휘감고 있어 여름임에도 추위에 몸을 떨어야 했다. 날 반겨줄 식당과 펜션의 아름다운 주인은 저 멀리 아주 멀리 있는 듯 보이지 않고, 언덕은 공원답게 치장한 몇몇 구조물과 도로 등이 있을 뿐이다. '아, 어떻게 내려가야 하나' 하는 걱정 때문에 빈약한 군 재정에도 불구하고 돈 깨나 쏟아 부어 만들었을 공원을 천천히 음미해볼 생각이 아주 사라져 버렸다. 호흡을 누그러뜨리고 좌우를 살펴보니 가끔 승용차를 타고 올라오는 커플들이 보인다. 승용차를 타고 올라온 저들의 선경지명에 찬사를 보내며 마음 착해보이는 커플을 골라 동행을 부탁해보고자 마음먹는다. 설마 차 열 대 중 한 대 정도는 마음 넉넉한 차가 있겠지.

그래도 왔으니 흔적일랑 남기자 하는 심정으로 카메라를 꺼내들긴 했는데 심사가 불편하니 무엇 하나 쉽지가 않다. 이 동네 예술가를 총동원하여 나름대로 멋을 부린 공원길을 따라 발걸음을 옮기니 중년의 커플이 해맞이공원 표지석 앞에서 사진을 찍다가 나보고 사진을 부탁한다. 약간 장난스러운 포즈를 요구하니 곧잘 따라한다. 역시 나이는 숫자에 불과한가? 남자는 약간 겸연쩍어 말이 없는데 아주머니는 고맙다는 말과 함께 이런저런 말을 걸어온다. 저 아저씨 대신 다른 아주머니, 그러니까 여자 친구 둘만 왔다면 나 좀 태워달라고 부탁해볼 텐데! 그러면 거절하지 않겠지? 난 지금 충분히 훈남 표정을 지어보려 애쓰고 있으니까. 이런 내 속사정을 알 리 없는 아주머니는 여기는 '블루로드'이며 저 아래 바닷가길로 가면 아주 멋지다고 자기들이 걸어온 듯한 길을 일러준다. 그렇게 해서 난 블루로드에 접어들었고 나중에야 이 길이 많은 사람들이 제 발로 찾아 와서 걷는 제법 유명한 길이라는 것을 알았다. 블루로드는 제주 올레길처럼 영덕군의 프랜차이즈 관광상품으로서 해안을 따라 강구면에서 병구면까지 이어지는 길 다란 길이다. 길은 도로를 따라 파란 선으로 그어 잇기도 하고 가끔은 해변 가까이 산책로처럼 만들어져 있기도 한데 동해안 특유의 멋진 풍경을 감상할 수 있다. 마치 동해안을 따라 멋지게 나 있는 7번 국도의 도보 버전이라고나 할까?

아주머니가 가리킨 방향을 따라 해안가 산책로로 내려갔다. 산책로는 지형을 따라 바닷가 아주 가까이까지 이어져 있기도 한데 길을 잃어버리는 불상사를 막기 위해 '영덕 블루로드'라는 표식을 자주 걸어 두었다. 바다 가까이 내려오니 비가 뿌릴 듯 말 듯한 궂은 날씨답게 파도는 거친 신음소리를 쉴 새 없이 내뱉는다. 큰 바위에 부딪쳐 하얀 포말을 공중에 뿌릴 때는 굉음이 시공간을 순식간에 지배해 버린다.

문득 무인도에 혼자 버려진 듯한 느낌! 무서운 생각이 밀려온다. 날씨가 나빠 오가는 사람도 없고 이미 시간은 저녁이 되어 언제 캄캄하게 변할지 모를 일이다. 생각이 거기까지 미치자 발걸음이 빨라진다. 경치고 나발이고 다 팽개친 나는 길 안내 표지를 놓치지 않기 위해 애쓰며 오직 생존 본능에 온몸을 맡겼다. 위험을 인식했을 때 우리 몸은 위험으로부터 목숨을 보호하기 위하여 최적의 약물을 호르몬으로 만들어 분비한다고 하지 않던가? 동공은 방향을 잃지 않기 위해 목표를 뚜렷하게 바라보고 근육은 강하게 팽팽해진 상태로 곱지 않은 해변 길을 마구 걸었다.

그렇게 거의 한 시간쯤 걸으니 블루로드는 차가 다니는 도로로 연결되었다. 멀리 해안가에 마을이 보이는 데 언뜻 보니 식당이나 쉴 만한 곳이 있을 것만 같다. 그러나 한 숨을 돌리며 도착한 마을에는 나의 기대를 아랑곳하지 않고 싸늘하게 문을 닫고 있었다. 급하게 엔진을 가동해서 걸은 탓인지 체력은 이미 바닥났고 굳이 힘을 주지 않아도 배는 전혀 벨트 밖으로 튀어 나오지 않는다.

힘을 잃은 발걸음으로 마을의 간이 버스 정류장으로 나오니 노인 세 분이 보인다. 바람맞아 헝클어진 머리와 힘든 얼굴을 숨기고 반갑게 인사를 드리며 버스 시간표를 물으니 아직 막차가 한 대 남았을 거란다. 안도의 숨을 고르고 노인들 옆에 앉으니 이 분들의 대화를 들려온다. 할아버지 두 분은 나이 차이가 몇 살 정도 나는 오래된 친구 같은 분이고, 할머니 한 분은 할아버지 두 분 중의 한분의 형수인 것 같은데 주고받는 대화가 서로 걱정을 나누는 등 시골 특유의 정감이 듬뿍 담겨있다. 늙어서 대화하며 같이 늙어갈 친구가 있다는 것이 큰 축복이라는데, 저

세분이 그런 것 같아 부러운 생각이 든다. 나도 나중에 늙었을 때 내 곁에 누가 있어 저분들처럼 정을 나누며 살 수 있을까? 아쉽게도 세 분은 잠시 후 자리를 뜨며 가는 곳까지 잘 찾아가라고 위로해주시고는 각자의 보금자리로 발걸음을 옮기신다.

가끔 지나가는 승용차를 세워볼까 말까 고민할 때 마침 택시가 다가온다. 택시에 올라 운송수단이라는 문명의 혜택에 감사하며 피곤한 몸을 시트에 바싹 붙인 채 기사에게 말을 건넸다. 기사는 이곳이 고향인데 고향 자랑 대회에서 금메달이라도 땄는지 일일이 응대하기도 버거울 지경이다. 건성건성 들었지만 고향을 지키며 자부심을 갖고 있다는 것은 부러운 일이다. 기사님의 장황했던 자랑의 끝은 여기 블루로드인데 자기가 볼 때 제주 올레길보다 훨씬 뛰어나며 특히 걸으며 보는 경치는 어디에 비교할 수 없을 만큼 최고라고 강조한다. '제주보다 뛰어난 영덕이라니! 무지하게 틀린 소리는 아니지만, 이 소리를 들으면 제주 사람들 자다가 벌떡 일어나겠군!' 축산항으로 들어서며 잘 아는 식당에 내려줄 것을 부탁하니 항구 옆 어느 식당으로 들어가 보란다.

조금 거칠게 바다사나이처럼 문을 열고 들어가니 주인 내외와 심부름하는 여자 그리고 누군지 알 수 없는 중늙은이 1명, 그렇게 네 명이 나를 보며 식당 간판조명 꺼진 것을 보지 못했냐고 물었다. 여기서 쫓겨나면 어쩌면 저녁밥을 못 먹을지도 모른다. 이럴 때는 약간의 용기와 엄살이 필요하다. "그래요? 못 봤는데, 배고파 죽겠으니 뭐 아무 거나 먹을 것 좀 주세요." 하고 앉으라는 눈빛도 없는데 테이블과 의자를 차고 앉아 배낭을 내려놓았다. 남자 사장님이 그런 나를 물끄러미 보더니 주방장인 아내에게 가능한 요리가 무엇이 있느냐고 물으신다. 물회가 있단다.

'영덕 물회' 그 유명한 영덕 물회를 이렇게 우연히 먹게 될 줄이야! 어쩌면 이 식당의 물회가, 물회 중의 물회, 진품일지도 모르는 일이다. 역시 여행은 예측하기 힘든 우연이 묘미로 다가온다는 것을 새삼 깨닫고 기분이 우쭐해진다. 주방에서 음식을 준비하는 사이 나머지 세 명은 그들의 원래 계획대로 삼겹살에 소주를 즐기기 시작한다. 오늘이 이 집 회식하는 날인가 보다.

잠시 후 물회가 한 대접 나오는데 지금까지 먹어본 경험이 없어서 어떻게 먹어야 할지 젓가락을 든 채 잠시 망설였다. 음식을 내온 여자는 요리조리 비벼서 먹으라고 일러준다. 그러다가 아무래도 비비는 모습이 아이 같았는지 젓가락을 빼앗아 손수 비벼주는데 약간 매우면서 새콤달콤한 냄새가 내장을 요동치게 만든다. 그녀는 젓가락을 건네주며 맛있게 먹으라고 말을 던진 후 즐거운 회식 대열에 합류해버린다.

시원한 물회 한 입, 소주 한 잔. 밀려오는 행복감에 피로감이 일시에 사라졌다. 평생 잊지 못할 물회의 맛! 앞으로 영덕에 가면 반드시 물회를 찾을 것만 같다. 그렇게 남들 회식하는 자리에서 우두커니 행복한 시간을 보내고 묵을 곳을 물으니 아직 휴가 시즌이 아니어서 펜션 같은 곳은 문을 안 열었을 거라며 부근에 있는 거의 유일한 여관을 알려준다.

잔뜩 흐린 날씨 때문에 어둠이 더 짙게 깔린 조그마한 항구는 점점 거세지는 바람 속에 이미 인적은 끊기고 선술집 두어 집만 이 불을 켜고 밤을 준비하고 있다. 불현듯 소설에서나 읽었던 선술집 풍경이 떠오른다. 콧수염 더부룩한 어부들의 손짓 섞인 농지거리와 싸구려 향수를 잔뜩 뿌린 마담이나 아가씨의 바람 같이 흩날리는 웃음소리, 부딪치는 술잔 속에 세상 시름을 잠깐 잊는 모습이 담배연기 속에 섞여 있겠지. 일단 여관에서 짐을 풀고 샤워를 한 후 어슬렁거리기로 마음먹었으나 마음뿐, 몸은 이미 방바닥에 붙어 버려 일어날 줄 모른다.

그렇게 아쉬운 밤을 보내고 아침을 먹으러 어제 그 식당으로 다시 찾아들어갔다. 그새 얼굴을 익혔는지 반갑게 아침인사가 튀어 나온다. "아침밥 뭐 있어요?" 하고 물으니 복어지리를 먹어 보라고 한다. 복어지리가 얼마나 시원하고 맛있는지 국물을 들이키다가 "이걸 먹을 줄 알았으면 어젯밤 술 잔뜩 먹을 걸 그랬어요!"라고 너스레를 떠니 주인집 내외가 박장대소를 한다. 그러면서 자기 식당은 연안에서 바로 잡은 생선으로 요리하기 때문에 서울 같은 도시 하고는 맛을 비교해선 안 된다고 자랑한다. 맞는 말씀이다. 계산을 하면서 등대에 올라갈 수 있도록 개방되어 있느냐고 물으니 올라갈 수 있단다. 아무도 없는 길을 따라 등대로 발걸음을 옮기기 시작한다.

어제의 찌푸린 모습은 오간 데 없고 하늘은 이른 시간인데도 벌써 밝게 빛나고 있다. 항구를 돌아 막다른 골목에서 등대 겸 전망대로 오르는 길이 시작되는데 한쪽 발이 불구인 듯한 사내가 담배를 문 채 목발을 짚고 서 있다가 나의 인기척을 듣고도 애써 외면한다. 최대한 상냥한 목소리를 끄집어내어 인사를 건넨 후 막다른 골목 너머로 갈 수 있느냐고 물으니 사내는 아주 환한 미소로 표정으로 바꾸더니 길은 없고 이 등대를 넘어가 다른 방향으로 내려갈 수 있다고 알려준다. 고맙다고 인사하니 기분 좋게 인사를 받은 그는 바닷가 쪽 몇 사람들이 모여 있는 곳으로 천천히 걸어갔다. 진한 담배 냄새가 바람결에 구수하게 전해온다. 길은 다소 가파르게 이어졌으나 병풍처럼 대나무가 둘러싸고 있어서 재미있게 느껴진다. 불과 십여 분쯤 오르니 꽤 커다란 세련된 건물이 보이고 그 건물 위로 등대길이 나타난다.

등대에 올라 어제 하룻밤을 묵었던 축산항을 내려다보았다. 아름답다. 동해의 나폴리라고 해도 손색이 없을 만큼 멋진 풍경에 매료되어 한참 동안이나 감상에 빠졌다. 잘록한 허리같이 나 있는 항구에는 하얀 배들이 정박해 있고 왼편에는 자그마한 연육교가 보이며 동해 바다의 파란 파도가 연신 춤추고 있다. 고도 100m나 될까? 자그마한 동산이지만 바람은 역시 바닷바람 그대로 이다. 미처 예상하지 못했던 아름다운 축산항의 풍경을 카메라로 담기 시작하는데 반대편에서 등산복 차림을 한 제법 몸매가 좋은 여자 한 명이 올라와 처음에 내가 그랬던 것처럼 동해의 나폴리에 심취해 있다. 남기고 싶은 장면을 담기 위해 카메라와 씨름했으나 나폴리는 쉽게 자태를 허락하지 않는다.

등대에는 전망대로 오르는 엘리베이터가 설치되어 5층 높이까지 땀 흘리지 않고 올라갈 수 있다. 투명하고 두툼한 유리로 둘러싸인 전망대 안에서 다시 한 번 축산항의 미색에 빠져 여기가 시드니 못지않은 미항이라고 중얼거린다. 사실 세계 미항이라고 일컬어지는 것 중에 가본 곳은 시드니가 유일하지만 말이다. 난 간을 보니 '영덕 블루로드'라는 팻말이 보인다. 여기도 블루로드의 한 포스트였군! 누가 묻는다면 초절정 강추다. 축산항과 이곳 등대!

등대 바로 밑 세련된 건물에 전망이 좋은 카페 코난이 있다. 아메리카노 생각이 간절해져서 주문하니 아직 이른 시간이라 준비가 되지 않아 안 된단다. 메뉴판을 보니 칠보차가 보인다. "우선 저거라도 주세요." 하고는 아무도 없는 카페를 독차지했다. 위치가 제일 좋다고 생각되는 테이블 위에 노트북을 펼쳐 놓고 칠보차를 한 모금 음미했다. 칠보차는 아마 십전대보탕에서 비싼 재료 세 가지를 뺀, 이를 테면 '칠전소보탕'쯤 되는 것 같다. 파란 바다가 내려다보이는 곳에서 시원한 바람을 맞으며 한약 냄새 넘치는 차 한 잔을 마셨다.

생각해보라. 이 얼마나 근사한 일인가! 신이 날 위해 이 엄청난 세상을 창조하신 듯한 착각이 사람을 얼마나 행복하게 하는지를! 가끔 로망처럼 그리워했었다. 풍경이 아주 멋진 곳에서 무언가에 몰두하여 작업하는 멋진 내 모습을 말이다.

이젠 햇볕이 제법 활짝 퍼지기 시작한다. 파란 바다는 저 멀리까지 시원하게 보이고 잔잔한 물결은 주름놀이에 빠져있다. 넋을 잃고 바라보다가 그만 일을 접고 동해의 카프리에서 맛있는 커피를 마시리라 결심하고 아메리카노 한 잔을 주문했다.

커피는 신기한 능력을 가졌다. 하루에 서너 잔 정도 마시면 간과 심지어 심장에도 도움이 된다는 연구 결과가 가끔 나오기도 하지만 그런 약물 효과보다 심리적 효과는 마땅한 대체재를 떠올리기가 쉽지 않다. 예전에는 마음에 드는 여인을 만나면 '커피 한 잔 하실래요?'라고 작업을 걸기 위한 첫 번째 수단이기도 했었다. 커피 한 잔을 앞에 두고 지나간 사랑 중 어느 순간의 희미한 기억에 빠져 슬며시 웃음을 짓기도 하고 풍경 따라 흐르는 바람결에 마음을 빼앗길까 봐 조바심을 내기도 한다. 여행은 혼자가 좋다. 지금 나처럼 말이다. 따뜻한 커피 한 잔만 있으면 된다.

두어 시간 지나니 풍경도 커피도 사색도 재미가 없어졌다. 그러면 또 떠나야지. 짐을 챙겨 카페를 나서는데 최근 몇 년간은 절대 못 보았을 미녀가 한 명도 아니고 무려 네 명이나 무리지어 들어온다. 나는 내 인내심을 탓하며 갑자기 무거워진 발걸음을 억지로 옮기기 시작한다.

하늘은 갖고 있는 신비로운 광채를 아낌없이 바닷가 옆, 내가 걷는 길 위에 쏟아 붓는다. 거기에 시원한 바람은 나의 온몸을 더듬어 더욱 감미롭게 만들고 있다. 이래서 세상은 살만 한 곳인가 보다. 바닷가 옆으로 쭉 이어진 블루로드는 지형을 따라 구불구불하게 자연스럽게 조성되어 있어서 오히려 지루할 사이가 없다. 앞에서 부부라고 믿어지는 두 사람이 등산용 지팡이 하나씩을 들고 걸어 오는데 마치 이혼을 앞두기라도 한 듯 아무런 표정이 없다. 어찌나 표정이 차갑던지 내 눈앞에서 금방 사라져 다행이라는 생각이 들 정도였다. 사라지지 않았다면 그 부부를 갖가지 모습으로 그려내느라 오히려 내 마음에 생채기를 냈을지도 모를 일이다. 그러나 불행은 금방 내 눈앞에서 펼쳐지고야 말았다.

모퉁이를 돌아서 가니 구급차 한 대와 경찰차 한 대 그리고 길가에 아무렇게 나뒹구는 오토바이와 필시 이 오토바이를 한 방에 내팽개쳤을 SUV가 깜박이를 켠 채 그 자리를 지키고 서 있다. 사람들은 쓰러진 노인 옆에 모여 있는데 언뜻 보아도 생사를 확신할 수 없는 듯하다. 오 마이 갓! 이렇게 불행은 한 순간에 우리 인생을 망치고야 만다. 구급차에 실려 가는 모습을 보며 생명이 꺼지지 않길 빌어 주고 가던 발걸음을 옮겼다.

해변을 따라 꼬불꼬불한 길에 오토바이를 타고 연이어 나타나는 노인들이 보인다. 방금 큰 사고가 나서 병원으로 실려 갔다고 그래서 조심하시라고 외쳐주고 싶은데 노인들은 엑셀을 있는 힘껏 당겨 굉음을 내며 내 곁을 스치고 만다. 이 동네 폭주족은 평균 연세가 70세쯤 될 것 같다. 한국은 노인들도 성격이 매우 급해 내 어깨를 치고 앞질러 가는 경우도 적지 않다. 급한 게 죄라면 죄라는 생각이 든다. 압축 성장하는 과정에서 전 국민에게 생겨버린 정신병 급행노이로제!

머리를 흔들며 씁쓸한 기분을 털어버리고 걷는데 언제부터인지 몰라도 나를 계속해서 쳐다보며 다가오는 할아버지 한 분이 문득 한눈 가득 들어온다. 얼떨결에 미소로 바꾸며 인사를 건네니 어디서 왔느냐고 물으신다. "예, 서울에서 왔는데 어제는 축산항에서 자고 지금은 대산항으로 가고 있습니다." 할아버지는 "멀리서 왔네."라며 뜨거운 해를 아랑곳하지 않고 마구 걷는 내가 무척 신기하다는 듯 계속 쳐다보신다. 사고를 보고 오지 않았더라면 여행 중에 만난 이 동네 터줏대감에게 이 동네에 대하여, 그분의 자식들에 대하여, 또 살아오신 삶에 대하여 대화를 나누었겠지만 지금은 정신에너지가 큰 충격으로 그만 고갈되고 말았다. 건강하시라고 인사를 드리고는 그야말로 터벅터벅 또다시 걷기 시작했다.

얼마쯤 걸었을까? 태양은 활활타오르며 열광적인 열을 쏟아내 머릿속은 시원한 맥주 생각만 가득하다. 작은 마을이라도 무슨 축제라도 여는지 광고 현수막이 여기저기 바람에 나부낀다. 조용한 바닷가에 삼십 여 가구 정도의 마을이 형성되어 있는데 도로 옆에 정자 하나 쓸쓸하게 서 있는 게 보인다. 누군가 여행자의 다리에 고여 있을 혈액을 제 위치로 다시 분산할 필요가 있을 때쯤 정확한 타이밍에 쉴 수 있도록 정자를 만들어 둔 게 틀림없다. 아무도 없는 빈 정자에 신발도 벗지 않고 걸터앉아 아예 뒤로 누워 버렸다. 잠깐 눈이라도 붙이고 싶은데 생경한 곳이라서 그런지 막상 잠은 오지 않는다. 누운 채 눈알을 빙그르 굴려 정자 천장을 보다가 옆으로 터진 파란 하늘을 올려다보고 또 구름도 찾는다. 어쨌든 평화롭다. 그러나 마음은 한 곳에 고정되어 있지 못하고 허공을 맴돈다. 마음은 표면적으로 평화로워 보이되 어느 한 구석 아직 평화를 못 찾았나? 내 마음인데 나도 모르겠다.

허리를 세워 바닷가와 마을을 한 번 돌아보고 길가 표지판을 보니 길 이름이 '건달길'이다. 건달길! 왜 하필 별로 고급스럽지 않은 명칭을 걸어두었을까? 사진을 찍어 SNS로 보냈다. 아니나 다를까, 재미있다는 덧글이 대롱대롱 걸리기 시작한다. 어린 시절, 그때는 건달로 보이는 청년들이 참 많았다. 소녀티를 벗은 여자라도 지나가면 지금은 상상할 수도 없는 진한 농담을 담배 냄새 쩔은 입으로 뱉어 냈었으니까! 이 기억이 왜 내 장기 기억소에 거의 영구적으로 보관되어 있는지 그건 나도 모르겠다.

몸은 신비롭다. 좀 쉬고 나니 다시 걸을 힘이 생겨나니 말이다. 그렇게 두 시간여쯤 더 걸어 우선 목표 지점인 대산항에 도착했다. 대산항은 생각만큼 크지 않았는데 예쁘게 단장하려고 바닷가를 후벼낸 흔적이 자욱하다. 이런저런 조각과 안내판 그리고 방부목으로 덮인 꽤 넓다란 광장에는 어린아이들을 비롯한 가족과 친구들이 이른 여름바다를 즐기고 있었다. 평소 점심을 꼬박꼬박 챙겨 먹지는 않지만 다리가 수고한 덕분에 무언가 먹고 싶어져 식당같이 생긴 곳을 찾아 콧구멍을 최대한 확장한후 탐색하지만 여기도 휴가 시즌 전이어서 그런지 굴뚝에 연기가 피어나지 않는다. 식당을 찾느라 더 힘 빠진 눈으로 바닷가를 살피는데 해양경찰서 대산항 지소에서 나보다는 좀 어려보이는 해양경찰 한 명이 나온다. 붙들고 여기서 가까운 제법 큰 마을이 어디에 있으며 어떻게 가느냐고 물으니 몇 마디 하다가 사무실로 사라진다. 사무실에 들어갔다 오는 그의 손에는 내가 그토록 갖고 싶어 했던 영덕 관광지도가 들려있다. 제기랄! 어디를 가든 처음 손에 넣어야 할 지도를 영덕을 떠날 마지막 순간에야 내 손에 들어오다니! 젊은 경찰의 설명을 정성을 다해 듣다가 배가 몹시 고프다는 생각에 얼른 고맙다는 인사를 건네고 나서 길가 허름한 가게를 열고 들어갔다. 손님이 별로 없는지 인기척을 내고 나서야 스르르 열린 문으로 주인의 얼굴이 보인다. 맥주 한 캔과 건빵 하나를 집어 들었다. 주인에게 이곳을 벗어나 영해면에 갈 방법을 물으니 길 건너 버스정류장에서 기다리면 시내버스가 온단다.

맥주와 건빵! 건빵의 담백함을 시원한 맥주거품이 감싸는 맛이란 우연치고는 환상의 조합인데 배가 고파서이기도 하겠지만 한 번 신기한 맛에 휘감긴 혀는 쉴 줄을 모른다. 맥주의 부드러운 거품을 즐긴다면 지금 바로 마켓으로 달려가 건빵을 집으면 된다.

20여 분 후쯤 도착한 버스를 타고 영해면으로 들어선 후 여정을 울진군으로 옮기기로 마음먹는다. 울진으로 가려면 먼저 영해면에서 직행버스를 타야 한다. 영해면에서 좀 늦은 점심으로 비빔국수를 선택했다. 붉은 빛은 평소 내가 즐기던 것과 구분하기 어려운데 이 고장에서는 국수를 먼저 소금에 절였다가 삶는 것이 틀림없다. 한 젓가락 먹을 때마다 물을 마시는 바람에 배는 금방 볼록해져 굶주림이 말끔하게 해소되어 버렸다.

울진 시외버스터미널에는 관광지도가 풍부하게 있다. 지도를 펼치고 고민을 거듭하다 죽변항에 가기로 하고 티켓팅했는데 문제는 죽변항으로 가는 버스의 최종 도착지는 서울이라는 것이다. 지금 생각하니 버스의 목적지 안내판에 서울이 있다는 것을 발견한 순간 유랑에 대한 의지가 나도 모르게 꺾였던 것이 분명하다.

죽변항은 꽤 크고 잘 알려진 항구인데 정류장 앞에서 바라본 죽변항 전경은 썰렁산만 그 자체! 내가 그린 항구의 모습은 그 어디에도 없을 것만 같다. 거의 30~40분을 걸으며 중심가를 비롯하여 죽변항을 살펴보았는데 호젓하게 머물만한 곳이 눈에 띠지 않는다. 아름다운 미항을 기대했다가 밀려오는 실망감에 힘이 쭉 빠져오는 것을 느낀다. 바로 어제 축산항을 보고 온 기억이 이렇게 큰 죄가 될 줄은 상상도 못했다. 미항의 반대가 추항일까? 다른 사람들의 소중한 고향을 이렇게 부르면 안 되지만 멋이라고는 도무지 찾아볼 수가 없다. 항구 뒤편에 드라마 '폭풍의 언덕' 세트장이 있다는 안내표지판을 따라 언덕을 넘어 서니 지금까지와는 다른 새로운 풍경이 펼쳐지고 많은 사람들이 이미 관광을 즐기고 있다. 이곳만큼은 사진이 되고 그림이 되는 곳임에 틀림없다. 그러나 그곳을 제외하면 어디 한 군데 마음 붙이기가 쉽지 않다.

갑자기 길을 잃었다. 어디로 가야 할까? 다시 항구의 도심을 거쳐 내려가는데 도로변에 범상치 않은 향나무 한 그루가 칭송을 받으며 서 있다. 500년 묵은 향나무를 사당이 지키고 있는데 항구답게 신기가 잔뜩 서려있다. 사실인지는 모르겠지만 울릉도에서 떠내려와 여기에다가 뿌리를 묻었는데 그래서인지 바닷가 사람들은 오늘도 마음의 절대 신으로 삼고 있는 듯하다.

이 동네를 잘 알 것 같은 선배에게 자문을 구하려고 전화하자 죽변항에는 횟감이 풍부하고 값도 착하다고 한다. 그러나 어느 순간, 마음이 달힌 나는 오후의 햇살에 얼굴을 찡그리며 나머지 이틀을 신께 돌려드리고 문득 돌아서서 서울행 티켓을 손에 쥐고 있었다.

책을 덮으며

흙먼지를 잔뜩 뒤집어쓴 비포장길, 마차를 위해 돌을 빼곡하게 박아놓은 역사 깊은 길, 차 대신 사람들이 걸어 다니는 아스팔트길… 그 어떤 길이라도 여행자에겐 행복한 길이다.

어떤 연유에서인지는 몰라도 사후체험을 했다는 사람들은 이구동성으로 살아온 삶이 주마등처럼 지나가는 것을 보았다고 한다. 삶이 다해 천국에 다다르기 전, 그동안 다녀온 여행들이 기억 속 필름에 담겨 마치 영화처럼 상영된다면 행복한 미소를 짓게 되지 않을까? 인생이라는 필름 속에 여행이 주는 아름답고 재미있는 스토리를 담으면 그야말로 행복한 영화가 될 것 같다.

영화는 배낭을 메고 집을 나서는 장면에서 시작한다. 지구촌의 모든 풍경을 갖고 있는 중국, 시끄럽고 무덥지만 미소 가득한 동남아, 햇살조차 고즈넉한 유럽의 마을 등이 차례로 보이고 아직은 가보지 못했지만 왠지 신비로울 것 같은 알라딘의 나라와 끊임없이 열기를 품어내는 인류의 시원지 등도 나만의 영화에 기록되어 눈동자 가득 차오르길 기대해본다.

언제부터인가 즐겨 쓰는 말이 있다. '인생은 영화처럼!'

그래, 영화 찍는 것처럼 인생을 살자! 그렇다고 철부지 소녀처럼 화려함을 꿈꾸는 것은 아니다. 누구에게나 고되고 힘든 삶이지만 영화가 풀어가는 기승전결의 스토리에 따라 결국 주인공이 맛보는 해피엔딩을 꿈꾸는 것이다. 그 속에 여행을 가득 채워서 말이다. 만약 여행조차 없는 영화를 만든다면 관객은 삶이 주는 쉼 없는 고통을 참아야 하며 반복되는 화면에 지루한 하품 또한 참을 수 없을 것이다.

사람마다 제각각의 스타일이 있다. 여행도 마찬가지여서 같은 장소, 같은 시간에 머물렀어도 그 느낌은 다르게 표현된다. 이제는 리츄얼처럼 자리 잡은 나의 여행 방식은 대략 다음과 같다.

- 달력의 검거나 붉게 나열된 숫자들 중에서 틈새를 찾아낸다.
- 마음속에 개어둔 도시를 기억해 내거나 지구본을 돌려가며 적당한 장소를 찾아낸다.
- 애플리케이션으로 항공권을 검색한 후 대략 일정표를 만든다.
- 전에 동행했거나 친한 사람들을 대상으로 이삼일 동안 모객한다.
- 이어지는 여행, 구체적인 일정은 그 날 그 날 정한다.
- 사진은 달력사진이나 인증샷을 멀리 하고 느낌을 담는다.
- 며칠 내 블로그에 포스팅하고 여행기를 쓴다.
- 나만의 포토북을 만들어 사무실에 두고 자랑에 빠진다.

커피를 한 잔 내렸다.

여행지가 늘어나고 한 권, 한 권 만든 포토북이 제법 쌓여간다.

인생이라는 필름 속에 담긴 여행을 되살려보며 오늘 하루 따뜻한 시간을 맞는다.